Children Are From Heaven

がんばらない子育てのコツ

～残りは神様がやってくださる！

ジョン・グレイ＝著　早野依子＝訳

小学館

本書によせて◎内海裕美（小児科医師）

うつみ・ひろみ●東京女子医科大学卒業。同大学病院小児科、愛育病院小児科などを経て、東京都文京区で開業（吉村小児科）。専門は小児発達、小児保健。平成九年より地域で子育て支援セミナーを毎月開催するなど子育て支援に取り組んでいる。二児の母。
著書に『泣いた、笑った、だいじょうぶ？ だいじょうぶ！』（地域の子育て支援冊子）、『はじめよう臨床医にできる子育てサポート21』（監修／医学書院刊）がある。

子育てが楽しいですか？　と問うと多くの親はイエスと答える。しかし、子育ては大変ですか？　難しいですか？　と問うと、これもまた多くの親がイエスと答える。子育てというのはもともとこのような両価性をもっているものだと思う。

母性神話や三歳児神話（三歳までの人格形成時に過度の責任を感じてしまう）の存在や少子化時代で少なく産んだ子どもを間違いなく育て上げねばならないというプレッシャーも、子育てを困難なものにしているようだ。完璧《かんぺき》な親をめざさなくてもいい、完璧な子どもはいない、という子育て支援の言葉も、何がほどよいのか体験的に理解できていない親世代には具体的な援助と成り得ない。人間ひとりを育てることは本来そう簡単に出来ることではないが、毎日の子育てを楽しむことなく、子どもの将来への不安ばかりを意識した子育てでは疲れてしまうだろう。

私の病院を訪れるお母さんにも、物言わぬ赤ちゃんをどうあやしていいかわからない、二歳児の自我の芽生えの反抗期にとまどい、迷い、疲れ切っているといった姿が少なくない。子どもの成長発達の過程をほんの少し理解していれば、もっと楽にすごせるのに、と思うこともしばしば。そこで……がんばらない子育て。実はこの本の内容は上手ながんばり方を寄り添うように教えてくれるタイムリーな内容だった。

今の時代の親子関係は、親にとっては初めて体験する、思い通りにならない人間関係に成り得る。一方、子どもにとっては、生まれて初めての大切な人間関係であり、家族は最初に出会うひとつの社会単位である。子育てにマニュアルが欲しいという親を笑う時代は終わった。ある程度のマニュアル（子育ての羅針盤）は必要なのだ。この本には、毎日の子育てにカウンセリングマインドを上手に活かすノウハウが随所にちりばめられ、頭を使って心を感じる子育てのポイントが書かれている。

前向きな子育て法の5つのメッセージも役に立つ。まず人と違ってもかまわないと説く。とかく、大きい、小さい、早い、遅いと比較する子育てがまかり通っている中で人と違ってもかまわないというメッセージはホッとする。我が子が人と違ってもかまわない、というだけでなく親のあなたもほかの親と違ってもかまわないのである。子育てだけではなく、自分自身のありようにも大きな示唆を与えてくれる力強い味方のような本である。子どもはこう考えているんだとハッとする記述も多い。具体的な会話のやりとりがあげられているが、あなたの親子関係につかえそうなものはどんどん試してみるといいと思う。子どもが花瓶を壊したらどうするか？　という練習問題もじっくり取り組んで欲しい。目から鱗《うろこ》の考え方を知って子どもとの会話が楽しくなるはず。

ただし、一〇〇の家庭があれば一〇〇通りの子育てがあっていいのだから、うまくいかない場合は、うちには合わないと割り切って取捨選択する心構えも必要だろう。一行一行に込められた著者の思いをくみ取りながら、熟読し、（食事でたとえるならよく噛《か》んで味わって）自分の子育てに役にたつ栄養素を消化・吸収して欲しい。

謝辞

惜しみない愛情と支援を送り続けてくれた妻のボニー、そしてシャノン、ジュリエット、ローレンの三人の娘たちに心からの感謝を捧げたい。彼女たちの協力なくしては、本書の完成はなかった。

ハーパー・コリンズ社のダイアン・リバーランは、いつも的確な助言を授けてくれた。また、ローラ・レオナルド、理想的な出版人カール・レイモンド、クレイグ・ハーマン、マシュー・グマ、マーク・ランドー、フランク・フォンシェッタ、アンドレア・セリーニ、ケイト・スターク、ルーシ・フッド、アン・ゴーディニアなど、ハーパー・コリンズ社の優秀なスタッフたちにもお礼を言いたい。

九年前、『男は火星から、女は金星からやってきた』の価値を認めてくれたエージェントのパティ・ブライトマン、そして、五〇以上の言語で私の本を出版してくれた海外エージェントのリンダ・マイケルズにも感謝の念は尽きない。

常に協力態勢を崩さずにいてくれたスタッフの面々——ヘレン・ドレイク、バートとメリル・ベレンズ、ポリアンナ・ジェイコブス、アイアンとエレン・コーレン、サンドラ・ワインシュタイン、ドナ・ドイロン、マーティンとジョシー・ブラウン、ボブ・ボードリー、マイケル・ナジャリアン、ジム・プザン、ロンダ・コーリヤ。そして、インターネットにmarsvenus.comを開設してくれたマット・ジェイコブスと、シェリ・リフキン、ケヴィン・クレイニックにも感謝の言葉を送りたい。

有益な応援と助言を授けてくれた私の家族や数多くの友人たちにも、お礼を言いたい——兄弟のロバート・グレイ、姉妹のヴァージニア・グレイ、クリフォード・マクガイヤー、ジム・ケネディ、アラン・ガーバー、レニー・スウィスコ、ロバートとカレン・ジョセフソン、そしてラミ・エル・バトラウィ。

この一五年の間、世界中で「マーズ・ヴィーナス」のセミナーを指導してくれている推進者たち、それに参加してくれた何千人もの人々にも感謝している。また、カウンセリングに「マーズ・ヴィーナス」の原理を取り入れてくれているカウンセラーたちにもお礼を言いたい。

変わらぬ支援を続けてくれた大切な友人カレシュウォーにも、感謝の意を捧げたい。

愛情と支援を持って、私が可能な限り立派な親になるのを導いてくれた両親、ヴァージニアとデヴィッド・グレイ、そして第二の母親のように私を導き、愛してくれたルシル・ブリクシーにも感謝している。

最後に、本書を書くにあたって信じられないようなエネルギーと明察さと支援を授けてくださった神に心から感謝したい。

一九九九年六月九日
ジョン・グレイ

Children Are From Heaven

がんばらない子育てのコツ

contents

第2章 5つのメッセージを機能させるための6つの新しいテクニック 57

本書を、大いなる愛情と思慕を持って、妻のボニー・グレイに捧げる。
彼女の叡智と洞察力なくして、本書の完成はなかった。
彼女がもたらす愛情と喜びと光は私のみならず、
子どもたちの人生をも美しく彩っている。

●

カバーイラストレーション＆フォト／大西重成
本文イラストレーション／飯田貴子
ブックデザイン／高橋雅之（タカハシデザイン室）

Children Are From Heaven

序章

時代とともに「子どもたち」と「子育て」は変化している

結婚してから一年、私は生まれたばかりの赤ん坊と、ふたりの可愛《かわい》らしい義理の娘の父親だった。ローレンは生まれたばかり、ジュリエットは八歳、シャノンはもうすぐ一二歳だった。私の新しい妻ボニーは子育てのベテランだったが、私には何もかもが初体験だった。いちどきに赤ん坊と少女と思春期を目前にした娘たちの父親になるのは、並大抵の体験ではなかった。私はさまざまなセミナーで、一〇代やそれより幼い子どもたちを指導してきた。子どもたちが親にどのような感情を抱いているかも十分承知していた。また、たくさんの大人たちが子ども時代の心の傷に対処するのを助けてきた。私は彼らに、子ども時代を振り返り、自ら自身の親となることで、親の配慮が行き届かなかった部分を癒《いや》すように指導してきた。新米の父親の私も、この観点から始めてみることにした。

あらゆる局面で、私は知らず知らずのうちに親と同じ行為をしている自分に気づいた。それがよかった場合もあれば、あまり効果のない場合もあった。それどころか、まったくの不毛でしかないときもあった。自分の失敗や、セミナーなどで知り合ったたくさんの人々の失敗から、私はより有効な子育ての方法を新たに見いだすに至った。

この日に至るまでには、きっかけとなったある出来事があった。シャノンが、母親のボニーと言い争いをしていた。私は、階下に降りていってボニーに加勢した。そのうち、私のほうが興奮し、大声で怒鳴り始めた。数分もしないうちに、口論の中心人物は私になっていた。シャノンは悲嘆と憤りを抑えて黙り込んだ。このとき私は、自分がいかに義理の娘を傷つけてしまったかに気づいた。

その瞬間私は、自分のしたことが過ちであったことに気づいた。私の行動は、子を慈しむ親のそれではなかった。私は、主導権を得るために怒鳴り、娘を威嚇したのだ。それはまるで、私自身の父親とそっくりだった。ほかになす術《すべ》を知らなかったとはいえ、怒鳴ったり脅したりするのが得策でないことは私にもわかっていた。それ以来、私は決して子どもたちに怒鳴らなくなった。そして遂に、私と妻は、過ちを犯した子どもたちを慈しみつつ諫《いさ》める方法を編み出したのだ。

子育ての失敗は、愛情不足ではない——時代遅れの子育てをしていませんか?

私は両親の愛情と支援に大いに助けられてきたし、そのことを感謝している。だが、その愛情に偽りはなかったものの、私は親の過ちによってさまざまに傷つけられた。私はその傷を癒すことで、よりよい父親になれた。私の両親が、子育てに関する限られた知識の中で最善を尽くしてくれたことは十分わかっている。親が子育てを誤るのは、愛情が足りないからではなく、ほかの手立てを知らないからなのだ。

子育てで一番重要なのは愛情、そして子どもを支えるために時間とエネルギーを注ぎ込むことだ。もっとも要求されるのは愛情だが、それだけでは十分ではない。子ども独自の要求を理解していない親は、子どもたちが今必要としているものを与えることができない。どんなに愛情を与えても、それは子どもたちの成長にとって有益な形ではないのだ。

その一方で、子どもたちと一緒の時間を過ごしたいと願っていても、その術を知らなかったり、子どもたちに拒絶されたりしてかなわぬ親たちもいる。多くの親たちは子どもと話をしようと試みるが、子どもは心を閉ざし、黙り込んでしまう。こうした親たちは、どうすれば子どもの口を開かせることができるのか知らないのだ。

子どもを怒鳴りつけたり、殴ったり、罰したりしたくはないが、ほかになす術を知らない親たちもいる。話し合いが功を奏さないのなら、罰するよりほかに手がないというわけだ。

たしかに話し合いは有効だ。だがまずあなたは、子どもたちが何を必要としているかを知らなくてはならない。あなたが適切に耳を傾ければ、子どもは口を開くだろう。適切な問いかけをすれば、答えてくれるだろう。あなたは、子どもに大いなる自由を与えながらも手綱を放さないでいる術を学ばなくてはならない。これを身につければ、時代遅れの子育て法を捨て去ることができるのだ。

新しい子育て法――効果的な方法を知ろう

カウンセラーとして数多くの人々と接してきた私は、どのような子育て法がよくないのかはわかっていたが、それに代わるより効果的な解決法を見いだしてはいなかった。よりよい親になるには、子どもを怒鳴ったり罰したりすることで主導権を握ろうとするのをやめるだけでは十分ではないのだ。罰という脅威で子どもたちを操るのをやめるには、それと同じくらい効果的な手段を見つけなくてはならない。

本書の原理を完成させるのには、三〇年以上の月日を要した。私はカウンセラーとしての一六年間の中で、クライアントたちの子ども時代によい影響を及ぼさなかったのは親のどのような行為だったのかを学んだ。その後一四年間以上、今度は親として、新しい子育て法を開発するのにいそしんだ。この新しい見識と手法は、私自身のみならず、何千もの家庭における子育てに効果を発揮したのだった。

私の経験から言えば、ふたりの義理の娘たちはすぐに、罰に頼らないというこのアプローチに反応した。罰せられたり怒鳴られたりする昔ながらの方式で育ってきた彼女たちにも、新しいアプローチは有効だったのだ。過去がどうあれ、子どもはこの新しいやり方に協力的になるのである。

このテクニックは、親からないがしろにされたり、虐待や折檻《せっかん》を受けたりして育った子どもたちにすら効果を発揮する。たしかに、ないがしろにされたり、虐待されたりしている子どもの行動には問題が多い。だがこうした行動こそ、新しいアプローチを用いることでより劇的に改善されるのだ。正しい愛情の支えを与えられれば、子どもたちは驚異的な回復力と順応力を見せるのだ。

愛情を基盤にするか、恐怖心を基盤にするか——過去の子育てと前向きな子育ての違い

自由を謳歌《おうか》している西洋社会は今日、子育ての危機に直面している。子どもの暴力、自尊心の低さ、注意力の散漫、ドラッグの乱用、一〇代での妊娠、自殺などのニュースが毎日のように報告されている。ほとんどすべての親が、新旧取り混ぜたあらゆる子育ての方法に疑問を抱いている。どんな方法も効果はなく、子どもたちの問題は増え続ける一方だ。

一部の親たちは、こうした問題は子どもたちを甘やかすことが原因だと考え、別の親たちは、叩《たた》いたり罰を与えたりという旧式の子育て法が元凶だと確信している。社会の変化がこうした問題を引き起こしたのだと言う親たちもいる。

多くの人々が、過剰なテレビコマーシャルや広告、あるいはテレビや映画の中の過激な暴力やセックスを元凶として糾弾している。たしかに、社会が子どもに影響を与え、問題となることは多い。そして、政府が制定する解決策が役立つ場合もある。だが一番大きな問題というのは、家庭内で発生しているのだ。子どもたちの問題は家の中で始まり、家の中で解決できるものだ。親は社会を変えようとするだけでなく、素直で自信に満ち溢《あふ》れ、思いやりのある強い子どもを育てる権限は自分にあることを認識しなくてはならない。

かつて、子どもたちは権威や恐怖心や罪悪感によって支配されていた。従順でなければ、やさしくしてもらえないと信じ込まされていたのだ。愛情を失うことへの恐れは、子どもたちを抑えつけた。これが機能しないと、より厳しい罰が与えられ、子どもたちの恐怖心は増大し、意志は破壊された。手に負えない子どもは往々にして強情と呼ばれた。皮肉にも、前向きな子育ての見解からすると、強い意志こそ子どもの自信と素直さと思いやりを育《はぐく》む基盤となるものなのだ。

過去の子育ては、子どもの従順さを追求していた。前向きな子育て法は、強い意志を持ちながらも親に協調する姿勢がある子どもをつくることを追求している。

過去の子育ては、よい子をつくることが狙《ねら》いだった。前向きな子育て法は、よい子をつくるよりも思いやりがある子どもに育てることを追求している。

過去の子育ては、子どもを服従させることに焦点を当てていた。前向きな子育て法は、自信を持って人生を生きる人間に育てることに焦点を当てている。自信に満ちている子どもたちは〝プレッシャーに揺らいだりしないため〟反抗する必要も感じない。

今日の子どもたち──コミュニケーションを保つのが一番大切

今日の世の中が昔とは違うように、子どもたちも昔とは違う。彼らはもはや、恐怖心をもとにした子育て法に反応しない。それどころか、恐怖心を基盤にした古臭い子育ては、親のコントロールを弱める。罰による脅しは、両親に対する子どもたちの反抗心を煽《あお》るだけだ。

私の父親もこの過ちを犯した。父は、息子六人と娘ひとりを罰で脅して支配しようとした。軍隊の伍長だった父は、ほかに方法を知らなかったのだ。父は私たちを、兵卒のように扱った。私たちが少しでも反抗しようものなら、父は罰で脅して主導権を取り戻した。このやり方は父の世代にはある程度有効だったのかもしれないが、私の世代、ましてや今日の子どもたちにはまったく効果がないのだ。

脅しに子どもたちが服従しないと、父はさらに脅しを強化した。父は言った。

「そういう口をきくなら、一週間外出禁止だ」

それでも私が反抗を続けると、父はこう言うのだ。

「やめないと、二週間にするぞ」

私がへこたれないと、父は言う。

「わかった。じゃあ、一か月間の外出禁止だ。さっさと、部屋に行きなさい」

罰を強くしても何の効果もなく、怒りを増幅させるだけだ。一か月の間、私はずっと父の横暴を恨みながら過ごした。父は、私の中の協調性を引き出す代わりに、逆の方向に押しやったのだ。こう言ってくれさえすれば、父は私にプラスの影響を及ぼしただろう。

「父さんの言うことに敬意を払うかどうか、一〇分間考えてみるんだ」

かつて罰は、意志の強い子どもを組み伏せるために用いられた。昔ならそれによって服従させることができたのかもしれないが、今日このやり方は通用しない。今の子どもたちは、ずっと複雑で敏感だ。彼らは不当な扱いをかぎ分け、それに黙って耐えたりはしない。彼らは憤り、反発する。何よりも、罰はコミュニケーションの糸を断ち切ってしまう。それによって親であるあなたは、子どもにとって問題解決の助けとなる存在ではなく、問題そのものになってしまうのだ。

親が子どもに怒鳴ると、子どもの聞く能力は麻痺《まひ》してしまう。今日の大人たちには、子どもが学校や外の自由な世界で他人と渡り合い、永続的な人間関係を築くために、子どもとのよりよいコミュニケーション能力が必要とされている。

耳をつんざかんばかりのボリュームで音楽を聴いたらどうなるだろう？　聴力が失われる。親が絶えず子どもに対して怒鳴ったり、叱《しか》ったりすれば、同じことが起こる。現代の親が、自分が親にされたのと同じ方法で子どもとコミュニケーションを取ろうとすれば、昔とは違う結果が生じる。現代の子どもたちは黙って背を向け、親は主導権を失うのだ。

恐怖心は子育てには逆効果――現代の子どもには、現代的なやり方で

恐怖心を基盤にし、脅しや批判や罰を通じて子どもをしつけようとする古臭いやり方は、親の力を失わせるばかりか、逆効果である。現代の子どもたちは繊細だ。彼らは、怒鳴ったり、叩いたり、罰したり、外出禁止を命じたりする古い子育て法から、悪影響を受けている。子どもたちがもっと図太ければ、こうしたやり方も有効かもしれない。だが今となっては、それは時代遅れで逆効果でしかないのだ。

かつては、叩いて罰せられることで、子どもたちは権威を恐れ、規則に従うようになった。今日、それは逆効果である。暴力は暴力を呼ぶ。今日の子どもたちは、昔の子どもたちよりずっと創造力に溢れ、知的かもしれない。だが、だからこそ外界の影響を受けやすいのだ。

現代の子どもたちは、恐怖ではなく模倣を通じて他人を敬うことを学ぶ。子どもは、親の真似《まね》をするようにできているのだ。彼らの心は絶えず周囲の状況を記憶しており、あなたの言動をそのまま真似する。彼らは、模倣を通じてすべてを学ぶのである。

親が他人を尊重する振る舞いをすれば、子どもも徐々に他人を尊重する術を学んでいく。親が、癇癪《かんしゃく》を起こす子どもに対して冷静で穏やかで愛情豊かに接する術を身につければ、子どもも、強烈な感情に襲われたときにも冷静で穏やかで愛情豊かでいる術を学んでいく。子どもが手に負えなくなったときにどうすればよいかを学べば、親は穏やかで冷静で愛情豊かでいられる。

子育てに有効な5つのメッセージ――前向きな子育てのコツ

現代の子どもたちを恐怖心で突き動かす必要はない。彼らは生まれながらにして、何が正しくて何が過ちかを知る能力を持っている。大人は、その能力を育てるための機会を与えてやらねばならない。子どもたちは、罰や脅しでなく、親を喜ばせたいという自然で健全な欲求や、褒美によって突き動かされるのだ。

本書の前半では、前向きな子育てにおけるさまざまなテクニックの用い方を紹介する。それによって、親子のコミュニケーションは向上し、協調態勢は発展し、子どもたちの能力は引き出されるだろう。後半では、子どもたちに繰り返し言って聞かせるべき5つの重要なメッセージを紹介する。

5つの前向きなメッセージ

1 人と違ってもかまわない。
2 過ちを犯してもかまわない。
3 マイナス感情を表に出してもかまわない。
4 今以上のものを欲しがってもかまわない。
5 「いやだ」と言ってもかまわない。ただし、決定権はママとパパにあることを忘れてはならない。

この5つのメッセージは、あなたの子どもが神から授かった能力を存分に発展させる助けとなるだろう。新しい考え方を身につけたあなたは、子育てをうまくやり遂げる自信を得るだろう。疑問や混乱に襲われたら、子どもが何を必要としているか、親は何ができるかを思い出させてくれる原点に何度でも立ち返ればよいのだ。

何よりも大事なのは、子どもは生来、善良なものであるという事実を忘れないことだ。彼らの中にはすでに、これから育むべきものの種が潜んでいる。親としてのあなたの役割は、彼らの成長過程を支援することだけだ。５つのメッセージと、前向きな子育ての手法を取り入れることで、あなたは自分の行動に自信を持てるだけでなく、子どもがこの先幸せな人生を築いていけると確信できるのだ。

Children Are From Heaven

第1章

天国からやってきた子どもたち

親が子どもにしてあげられること

すべての子どもたちは生まれながらにして純粋で善良だ。そういう意味で、子どもたちは天国からの贈り物だ。それぞれの子どもが、唯一無二の特別な存在だ。彼らは、独自の運命を背負ってこの世にやってくる。リンゴの種はごく自然にリンゴの木になる。ナシやオレンジを実らせることはできない。親としての私たちの一番重要な役目は、子ども独自の自然な成長過程を把握し、尊重し、慈しむことだ。私たちが思う姿に子どもを押し込めようとしてはならない。ただし、子どもの才能や長所を引き出すように巧みに導いてあげるのは親の責任だ。

子どもたちは、よい子に形づくられる必要はない。だが、成長するための支えを必要としている。親は、子どもの大いなる種がしっかり根づくように堅固な土壌を提供すればよい。あとのことは、その子が自分でできるのだ。リンゴの種の中には、その成長と発育のための完璧《かんぺき》な青写真が収められている。同じく、子どもの精神や肉体の中には、その子が成長するための完璧な青写真がそれぞれ収められているのだ。私たちは子どもをよい子にしなくてはならないと考える代わりに、彼らがすでによい子であることに気づかなくてはならない。

以前私が母に子育ての秘訣《ひけつ》を問うと、母はこう答えた。「男の子六人と女の子ひとりを育てて悟ったのは、子どもを変えようとしても無駄だってことね。すべては神様の御手に委ねられているの。私ができる限りのことをやれば、残りは神様がやってくださるのよ」。そう悟った母は、自然な成長過程を信頼できるようになり、それを阻まないように気をつけるようになった。この悟りは、すべての親にとって非常に重要だ。

子どもによって抱える問題は違う——でも、生きていくうえで不可欠な要素は共通している

純粋で善良に生まれついた子どもたちは、それぞれ独自の問題を抱えてこの世にやってくる。親としての私たちの役目は、子どもが試練に対峙《たいじ》するのを助けることだ。私たち七人きょうだいは同じ親のもとで、同じチャンスを与えられて育ったが、ひとりひとりの性質は似ても似つかない。私は現在、二五歳、二二歳、一三歳の娘たちの父親だ。彼女たちはそれぞれ、長所も欠点もまったく異なっている。

私たちは親として子どもの力になることはできるが、子ども独自の問題や試練を取り除いてやることはできない。そう悟れば、親は子どもを変えようとしたり、問題を解決しようとしたりしなくなり、心配も減る。

子どもたちはそれぞれ独自の運命を抱えている。この現実を受け入れることで、親は安心でき、子どもの抱える問題すべての責任を負おうとしなくなる。子どもなら誰《だれ》でも悩みや問題や試練を抱えているのだという現実を受け入れないと、自分の何が悪かったのか、あの子

は何をすべきだったのかとあれこれ考えて時間とエネルギーを浪費してしまう。親としての私たちの仕事は、子どもがきちんと試練に向き合い、対処するのを助けることだ。子どもには必ず、問題と才能が抱き合わせで存在していること、そして親はそれを変えることはできないのだという事実を忘れないようにしよう。ただ、確実に子どもが最善の力を発揮できるように気を配ってあげよう。

すべての子どもにとって、健全な成長過程とはそこに試練があることを意味する。親や世間から課された限界を受け入れることで、子どもたちは許す心、寛容さ、協調性、創造性、思いやり、勇気、忍耐、我慢、自己を正す心、自尊心、自己充足、そして自己を導く力といった、生きていくうえで不可欠な要素を身につけていくのだ。以下に例をあげよう。

生きていくうえで不可欠な要素

- 子どもは、誰かが自分を許してくれない限り、**許す心**を身につけられない。
- 子どもは、欲しいものが何でもすぐ手に入ってしまうと、**忍耐**や**我慢**を身につけられない。
- 子どもは、何でも自分の我がままが通ると、**協調性**を身につけられない。

・子どもは、周囲の人間がみな完璧だったら、**自分の不完全さを受け入れ**られない。
・子どもは、周りが何でもやってあげてしまうと**創造性**を身につけられない。
・子どもは、痛みや喪失感を経験しなければ**思いやり**を身につけられない。
・子どもは、逆境に出合わなければ**勇気や楽観性**を身につけられない。
・子どもは、物事が何でも簡単に運んでしまうと**忍耐力や強さ**を育《はぐく》めない。
・子どもは、困難や失敗や過ちを経験しなければ、**自己を正す心**を身につけられない。
・子どもは、何かを達成するために障害を乗り越えなければ、**自尊心や健全なプライド**を感じられない。
・子どもは、拒絶や排除を経験しなければ、**自己充足の心**を育めない。
・子どもは、権威に反抗する機会がなければ**自己を導く力**を得られない。

さまざまな意味で、試練や苦痛は避けられないだけでなく、必要不可欠なものだ。

人生の障害は、子どもを強くし、その子の中にある最善の部分を引き出す。試練を乗り越えるために、子どもは愛と支えを必要とする。支えがないと、彼らの問題は増大し、時には犯罪行為にまで及んだりする。親としての私たちの仕事は、子どもがより強く健全に成長するように支えることだ。私たちが干渉して事態を楽にしたりすれば、それは子どもを弱体化させることになる。だが、十分な助けを与えないのも、子どもが成長するのに必要なものを奪っていることになる。子どもはひとりではやっていけない。親の助けなしには、幸せな人生を送るために必要なあらゆる技能を育み、成長していくことはできないのだ。

前向きな子育て法の5つのメッセージ

子どもは、試練に立ち向かい潜在能力を開花させるための力を自分の中に見いださなくてはならない。その手助けをしたい親は、５つの前向きなメッセージを伝えなくてはならない。

5つの前向きなメッセージ

1　人と違ってもかまわない。
2　過ちを犯してもかまわない。
3　マイナス感情を表に出してもかまわない。
4　今以上のものを欲しがってもかまわない。

5 「いやだ」と言ってもかまわない。ただし、決定権はママとパパにあることを忘れてはならない。

ひとつひとつを詳細に見ていこう。

❶ 人と違ってもかまわない。――子どもには3つの学ぶタイプがある

子どもにはそれぞれ個性がある。その子だけの特別な才能、試練、要求がある。親としての私たちの仕事は、その子が何を必要としているかを認識することだ。概して男の子が必要とするものは、女の子にとってはそれほど重要ではない。同様に、女の子のほうは、男の子にとってはさほど重要ではないものを必要としたりする。付け加えると、性別を問わずすべての子どもは、自分の挑戦や才能に結びついた特別な要求を抱えている。

また、ものを学ぶうえでも子どもたちはそれぞれに異なる。親はその違いを理解しなくてはならない。さもなければ、我が子をよその子と比べて、必要以上に苛立《いらだ》ったりしてしまうからだ。

ものを学ぶという作業において、子どもは3種類に分けられる。

「疾走型」「歩行型」「跳躍型」である。疾走型の子どもは覚えが早い。歩行型の子どもはコ

ツコツと学び、確実に進歩していく。しかし、跳躍型の子どもは、3つのタイプの中でも一番育てるのが難しい。一見、まったく何も学んでおらず、進歩もしていないように見えるからだ。だがある日突然、その子は飛躍し、学んでいたものを習得している。跳躍型の子どもは、いわば遅咲きだ。彼らは、学ぶのに時間がかかるのだ。（詳しくは第3章）

❷ 過ちを犯してもかまわない。——自分を愛する心を養う

子どもは過ちを犯すものだ。それはごく当然のことで、親が過剰反応しない限り、過ちを犯した子どもは少しも悪いことにはならない。過ちは、自然で当然なことだ。子どもは主にこの原則を、手本から学ぶ。親は、自分の過ちを認め、子どもや配偶者に謝ることで子どもに教えることができる。

親が謝る姿を日常的に目にしていれば、子どもは次第に自分の過ちの責任を負うことを覚えていく。親は、謝るという行為を言葉で教える代わりに、身をもって示すのだ。子どもたちは、お説教ではなく手本から学ぶものだ。親の過ちを何度も許すことで、彼らは他人を許すという大切な技能を身につける。

子どもは生まれつき、親を愛する心を持っている。だが彼らは、自らを愛し、許すことができない。自分に対する親の接し方、そして自分が過ちを犯したときの親の反応によって、

子どもは自らを愛することを学ぶ。過ちを犯してもバカにされたり、罰せられたりしなければ、もっとも重要な技能を学べるはずだ。それは、自分自身を愛し、自らの不完全な部分を受け入れることだ。これは、何度も過ちを繰り返しても、必ず愛してくれる両親を見ていることで身につく。親が責めたり罰したりすれば、自分自身を愛し許す子どもの能力は抑圧される。

❸ マイナス感情を表に出してもかまわない。――感情をコントロールできる大人になるために

怒り、悲しみ、恐れ、悲嘆、苛立ち、失望、不安、恥ずかしさ、嫉妬《しっと》といったマイナス感情は自然であるだけでなく、成長にとっては重要なものだ。マイナス感情を抱くのは自然なことであると子どもに伝えるのは親の役目だ。

親は、子どもがマイナス感情を抱き、それを表に出す適切な機会を作ってあげなくてはならない。マイナス感情そのものに問題はないが、いつ、どこで、どのようにそれを表に出すかによっては問題となる場合もある。癇癪《かんしゃく》を起こすことは子どもの成長にとっては重要だが、いつでも癇癪を起こしていいわけではない。だが、子どもが癇癪を起こさないようにとなだめたりしてはいけない。そんなことをしたら、親が予想もしていないときに癇癪が破裂し、有効に対処できない場合もあるからだ。

親が、子どもに自分の感情をきちんと認識させるための技能を学ばせなければ、子どもたちは暴走する。子どもが手に負えなくなるのはたいてい、親が自分自身の問題を何とかしようとあがいているときであるのも、納得できる話だ。

子どもに親の顔色をうかがわせないことも、前向きな子育て法のひとつだ。理解や慈しみを求める自分の気持ちが親にとって迷惑だと感じたら、子どもは自分の感情を抑圧するようになり、真実の自分や才能から遠ざかってしまうだろう。

人生の成功者は自分の敗北を感じ、そのうえでまた立ち直る。なぜなら彼らは、マイナス感情を追い払う能力を持っているからだ。物事がうまくいかない人の大半は、自分の内なる感情に耳をふさいだり、マイナス感情をベースに決断を下したりしているのだ。

❹ 今以上のものを欲しがってもかまわない。——前向きでのびのびと育つために

子どもは、より多くを欲しがったり、欲しいものが手に入らなくて不機嫌になったりすると、すぐにそれはよくないことであり、自分勝手で、甘やかされた行為だと教え込まれる。親たちはすぐに、子どもがより多くを欲しがることを認める代わりに、今あるものに感謝することの美徳を教えようとする。

子どもは、どの程度なら求めても受け入れられるのかがわからない。大人の私たちですら、

相手の気分を害したり、欲張りと思われたりしない程度というのを判断するのに苦労する。大人の私たちにですら難しいのだから、子どもにそれを求めるのは酷というものだ。

前向きな子育て法は、子どもたちに、他人を尊重しつつ欲しいものを求める術《すべ》を教える。同時に、親は怒らずにだめなものはだめと言う術を学ぶ。叱《しか》られないとわかっていれば、子どもはのびのびと欲しいものを求めることができる。また、欲しがっても手に入らないものもあることに気づく。

のびのびと欲しいものを求めることができなければ、子どもたちは何が手に入り、何が手に入らないのかを明確に学ぶことができない。加えて、欲しいものを求めることで、彼らは驚くべき速さで交渉術を身につけていく。

欲しいものを求める自由を与えられると、子どもは交渉することを学び、それと同時に、欲しいものを手に入れる能力を開花させるチャンスを与えられる。欲しいものを求めることを子どもに許すことで、あなたはその子に生きるために目指すべき道を決める力を与えることになる。今日、多くの女性が無力感を抱いている。というのも、彼女たちはより多くを求めることを許されなかったからだ。彼女たちは、他人の要求を優先するように教えられ、望みがかなわないからといって不機嫌になると悪い子だと叱られて育ったのだ。

両親が娘に教えられる重要な技能のひとつが、より多くを求める術である。大半の女性は、子どものころそれを教わらなかった。彼女たちは直接求める代わりに、相手に与えることでそのお返しが戻ってくるのを期待する。このように直接求める能力が欠如していると、生活や人間関係において本当に欲しいものをなかなか手に入れられなくなる。

一方、男の子のほうは、欲しいものが手に入らなかったときに支えを必要とする。男の子はしばしば目標を非常に高く設定し、息子が失望するのを見たくない親はそれを調整しようとする。大事なのは目標を達成することよりも、失望を自力で対処してもう一度目標に向かって起き上がることであると気づいていないのだ。男の子には自分の感情を確認し、そこからさらに前進するための支えが必要だ。これは、親が忠告や助け船を出さないように気をつけながら、何があったかを慎重に聞くようにすれば与えることができる。過剰な共感ですら、子どもが遠ざかる原因になりうるのだ。

❺「いやだ」と言ってもかまわない。ただし、決定権はママとパパにあることを忘れてはならない。——主導権は常に親が握ること

子どもには、「いやだ」と言う権利がある。だが、手綱を握っているのは親だということを承知していなくてはならない。より多くを欲し、交渉する許可に加えて、「いやだ」と言う許可を与えられた子どもは、力を得る。

「いやだ」と言えることで、子どもたちは感情を表現し、自分が何を望んでいるか発見し、交渉するようになる。これは、常に子どもの言いなりになるということではない。「いやだ」と言えるからといって、子どもが好き放題にやってよいという意味にはならない。何を感じ、望んでいるかに耳を傾けてもらうだけで、子どもは素直になる場合が多い。そうすれば子どもは、本当の自分自身を抑圧することなく親と協調できるのだ。

自身の望みを調節することと、否定することには大きな違いがある。望みを調節するというのは、自分の望みを変換させて親の願望に合わせることだ。否定というのは、自分の願望や感情を押し殺して、親の望みに従うことだ。服従は、子どもの意志を飼い馴《な》らすことで生まれる。馬は飼い馴らされると、従順で協力的になるが、同時にその自由な魂を失う。

ナチ以前のドイツで実践されていた子育て法では、親という権威に歯向かった子どもは厳しく叱られ、罰せられた。彼らは、反抗したり、「いやだ」と言ったりすることを許されなかった。今にして思えば、そのように子どもの意志を破壊することがいかに彼らから心や精神を奪い、強力な独裁者の追従者にさせていったかがよくわかる。

自分の意志や望みを調整するのは「協調」だが、押し殺すのは「服従」だ。前向きな子育て法は、服従ではなく協調ができる子どもに育てることを目的としている。無条件に親に従うのは子どもにとって健全な行為ではない。反抗心が起こったとき、それを感じ言葉にするのを許されることで、子どもの自我は発展し、そのうえ親に協調する姿勢も育まれるのだ。

子どもに「いやだ」と言うのを許しても、彼らに手綱を譲り渡すことにはならない。それどころか、親の主導権はいっそう強まるのだ。反抗するたびに親が主導権を維持し続ければ、子どもは、決定権はママやパパにあるのだということを身をもって体験する。

ここで大切なのが、子どもに「休止時間」を与えることだ。

我がまま放題に振る舞い親に協調しない子どもは、コントロールが効かなくなっている。彼らはあなたの意志や願望に沿おうとしていない。子どもの協調姿勢を回復させるには、親は彼らを叱り、休止時間を与える必要がある。

その間、子どもは自由に反抗し、感情を表に出すことができるが、その時間はあらかじめ決められている。一般的に、子どもの年齢一歳を1分と相当させるのが妥当なようだ。四歳の子どもなら、4分間必要ということになる。この時間によって、子どもはあなたのコントロール下に置かれることの安心感を思い出す。マイナス感情は自動的に昇華され、親に協調して喜ばせようという健全な欲求が再び姿を現すのだ。

子どもにこうした休止時間を与えない親は、知らず知らずのうちに子どもを不安に陥れている。

基本的に子どもの思考は、たったひとつの方向に向かっている。心の奥底で、彼らはひたすら親を喜ばせたいと思っているのだ。前向きな子育て法におけるコミュニケーション術はこの傾向をさらに強化し、子どもたちが進んで親の意志や願望に沿うようにする。このような譲歩とのバランスを取るために、子どもには反抗し「いやだ」と言う許可が必要なのだ。反抗することで、彼らは健全な自我を育んでいく。

こうした機会を与えられなかった子どもは、思春期を迎えるころに不必要な反抗をすることになる。一〇代ではまだ導いてくれる手が必要なのに、自我を発達させていない子どもたちは、親の意志や願望とはことごとく反対のことをしたいという衝動に駆られるのだ。

前向きな子育て法の5つのメッセージを適用するには、まずそれが有効に機能する環境を理解しなくてはならない。

子育ての根本に恐怖があると、子どもたちは5つのメッセージに反応しない。新しいアプローチを機能させるには、親は時代遅れの子育て法を捨てなくてはならない。子どもの内なる資質を引き出そうとしてその子を純粋で善良なものとして扱っておきながら、一週間後に悪さをしたからといって叩《たた》くというやり方は、もはや通用しないのだ。

子育てのプレッシャー

今日、心理学の発達により、幼児期が後の人生の成功を大きく左右するという事実は広く認知されている。社会的な成功を築く能力と、幸せで充実した人生を送る能力は双方とも、幼児期の環境や境遇に深く影響される。今日では、私たちはこの考えを常識として受け入れているが、五〇年前はそうではなかった。

この常識が登場する以前、どのように子どもを育てるかという問題は重要視されていなかった。人生における人間の成功は、遺伝、家柄、努力、チャンス、性格、信仰心、運などによって決まると考えられていた。前世や来世を信じる東洋では、カルマも大きな要因と見なされてきた。前世でよい行いをすれば、現世でよいことが起こるというわけだ。もちろん、親が子どもを愛する気持ちは今も昔も変わらないはずだが、その愛情を子育ての中でどう表すかはそれほど重要視されていなかったのだ。

それから今日までの五〇年の間に、私たちは心理学の発展するなかで、親の愛情表現が子どもに多大な影響を及ぼすことを発見した。幼児期の重要性への認識が高まるに伴い、現代の親は最善の子育て法を見つけることへのいっそうのプレッシャーと責任を感じている。完璧な親になろうとするこうしたプレッシャーは往々にして、親たちを間違った方向に導いてしまう。

親というのは概して、子どもにいろいろなものを与えることに専念しすぎてしまう。親が過剰にお金、玩具《おもちゃ》、楽しみ、教育、習い事、援助、賞賛、時間、責任、自由、規律、監督、罰、許可、コミュニケーションを与えてしまうと、かえって逆効果を招く。現代の子どもたちがもっとも必要としているのは必ずしもこういうものではない。子どもたちが必要としているのは、「これまでとは違う」ものだ。親として私たちに必要なのは、より多くを与えることではなく、自分の親たちとは違った新しい子育てのアプローチなのだ。

子育ての歴史

何千年も昔、子どもたちは今の私たちが動物を扱うよりもひどい扱いを受けていた。親に従わない子どもは厳しく罰せられ、時には死に至ることもあった。ローマにある二千年前の埋葬地では、親の言うことを聞かずに父親から殴り殺された少年たちの死体が無数に発見されている。時代の流れに伴い、人々はそうした極度に暴力的なやり方からは離れていった。

今日、大半の親は最後の手段として子どもを叩いたりぶったりする。それは、ほかに方法がないとき、あるいは親が自制心を失ったときだ。過去の遺物はいまだに残っているわけだ。比較的平和な家庭でも、子どもたちは「そんなことをしたら殺されちゃう」などという言葉を口にしている。もちろん、こうした子どもたちは文字通りの意味で「殺される」と言っているわけではないが、そこには、彼らをよい子にならしめている恐怖心が見え隠れする。二千年前は遠い昔だが、恐怖心はいまだに子育ての中にどっしりと根をおろしているのだ。

一部の親たちはいまだに、子どもを叩く必要があると考えている。ひとつ忘れられない話がある。一〇年前、私はユーゴスラビア出身のタクシー運転手と話をしたことがある。彼は、アメリカの親たちの問題点は子どもに甘すぎることだと語った。子どもをぶたないのはよくないというのだ。私は彼に、君は殴られたことがあるのかと尋ねた。彼は誇らしげに、だから自分はこんなに立派な人間になったのであり、自分の子どもたちも同様だと語った。さらに、自分も子どもたちも警察の世話になったことは一度もないし、子どものころは、殴られない日は一日としてなかったと言った。大人になった彼は、殴られたことを感謝していた。彼は私に、自分の国ではこれは当たり前のことであり、そのおかげで自分は犯罪者にならずにすんだのだと語った。

これは驚くべき心理反応である。

子どもは往々にして、自分を激しく殴ったり虐待したりする相手に強い結びつきを覚える。

そのうち彼らは虐待を正当化し、自分にはそれが相応《ふさわ》しいのだと感じるようになる。自分がされていることを虐待と認識する代わりに、親の行為をかばうのだ。そんな彼らが子どもを持てば、自分の子どもにも同じ虐待が相応しいと考える。こうした親たちにとっては、前向きな子育て法に順応するのは非常に困難なことだ。虐待されて育ち、自分の子どもにもそれが相応しいと考えている彼らは、恐怖心が基盤になった子育てに固執している。自分のしつけが、正しい人間をつくると信じているのだ。虐待されている子どもはよくこんな言葉を口にする。

「僕が悪い子だったから、パパは僕をぶつしかなかったんだ」

暴力は暴力を呼ぶ

現代の子どもの、感受性が鋭い素直な心にいったん暴力が持ち込まれると、必ず外に現れる。暴力や罰の脅しによって監督された子どもは、自制心を失ったとき、主導権を取り戻すために暴力や罰という手段に訴えるようになるだろう。現代社会に溢《あふ》れている家庭内暴力などは、自分が感じた強い感情を処理するためのほかの手段を知らないことの結果なのだ。

感情が軽んじられていた昔は、暴力や罰は有効だった。だが今は違う。親も子どもも、昔よりずっと細やかな感情を持っている。子どもをコントロールするための新しい手段がなくては、彼らはどんどん暴力的になり、荒れた行動を続けるだろう。そうなると、荒々しい反抗に出たり、自滅的な行動を取ったりする。彼らは他人、あるいは自分を憎み、場合によってはその両方を憎むのだ。

暴力にさらされた子どもが暴力的になるというのは研究でも証明されている。一九八九年にロサンゼルスで起こった暴動の後、ふたつのグループの子どもたちに暴力シーンの写ったテレビを3分間見せた。それから子どもたちは、暴力的な玩具とそうではない普通の玩具の両方が用意してある部屋に移された。

テレビの暴力シーンは俳優が演じているものだと説明されると、子どもたちは暴力的な玩具ではなく、普通の玩具で遊んだ。暴力シーンは本物だと説明されると、子どもたちはほぼ全員、暴力的な玩具で遊び、乱暴な空気が一気に高まった。テレビで本物の暴力を見たことで、子どもたちの中の攻撃性に明らかに火がついたのだ。

一四歳以下の子どもたちの認識力は、仮定の状況を完全に理解できるほど発達していない。テレビの中の人間は演技をしているだけなのだと教えられても、彼らはそれをすぐに忘れてしまう。5分から10分後にもう一度念を押されても、彼らは感情の部分で本物としてそれに反応してしまう。認識力が十分に発達していないと、子どもが本物と感じるものは本物になってしまうのだ。テレビで残虐な行為や暴力を見た子どもたちは、純粋さや穏やかさや繊細さという健全な感覚を育む機会を一部破壊されることになる。

暴力シーンがなくても、映画やテレビの見すぎは子どもたちに過剰な刺激を与える。子どもは主に、真似《まね》をすることで学ぶ。見たことをそのまま行動に移すのだ。感覚にあまりにも多くのものがインプットされると神経系統が圧倒され、イライラしたり、我がままになったり、陰気になったり、神経過敏になったりする。過剰な刺激は健全ではないのだ。

ところが、テレビの中の暴力に不満を訴える人に限って、子どもを暴力や罰で脅したりする。それでも彼らの言う通り、テレビや映画の中の暴力が子どもに影響を与えているのは事実だ。だが、それよりさらに大きな影響力を持つのは、親とその子育ての哲学なのだ。

なぜ子どもは無軌道で破壊的になるのか

現代の子どもが昔より無軌道で無礼で攻撃的で暴力的なのには、はっきりとした理由がある。家庭での暴力や罰という脅しによって刺激を受けると、男の子はそれに過剰反応、あるいは注意力欠如障害と分類される症状を起こす。女の子の場合、攻撃性は自らに対する形で表れ、自尊心の低さや摂食障害などが見られる。

暴行犯は、子どものころに激しい折檻《せっかん》やお仕置きを経験しているはずだ。彼らが虐待から受けた苦痛は、彼らが被害者に与えた苦痛と同じくらい痛々しいものなのだ。監獄やカウンセリングルーム以外の場所にも、不安や鬱《うつ》状態など、恐怖心を基盤にした子育て法の後遺症に悩んでいる人は無数にいる。

その一方で、「甘やかす」子育ての後遺症によって破壊的になってしまっている子どもも数多く存在する。昔ながらの子育て法を支持している親たちが、昨今の甘い子育て法に懐疑的になっているのにも一理ある。愛情を基盤にした子育てという精神はあるものの、それを有効に生かすための手段が実践されていないのだ。5つのメッセージは、子どもに自由と力をもたらしつつも、子どもに対する親のコントロールを維持することができる。子どもの自由と力は、親のコントロール下になくてはならない。つまり、協調姿勢を生み出すためのテクニックによってバランスを維持されなくてはならない。スピードの出る車を運転するなら、それに対応できる強力なブレーキが必要だ。子どもたちを抑制して規律正しい行いをさせるための技能を身につけるまでは、彼らに自由を与えることはできないのだ。

前向きな子育て法で、折檻やお仕置きの代わりに用いるべきは「休止時間」である。ただ、それは最後に行き着く措置である。そこに至るまでには、休止時間を有効に機能させるためのさまざまな技能を適用しなくてはならない。さもなければ、それも恐怖心を基盤にした罰と同じく無意味になってしまう。

子どもは生まれながらにして、何が正しくて何が過ちかを判断する力を持っている。前向きな子育て法を実践すれば、子どもたちの中のその潜在能力が目覚める。良心と深く結びつくことで、子どもたちは正しい行いをするようになるが、決して過度に従順になるわけではない。彼らは、恐怖心からではなく、そうすると自分がよい気分になれるからという理由で他人を尊重する。進んで人と交渉し、自分のことをきちんと考える。権威に挑むことを恐れない。彼らは創造性と協調性に富み、有能で、思いやりと自信と愛情に満ちている。前向きな子育て法を学び、適用することで、親にとっての子育てが楽になるだけではなく、子どもたちにも大きな恵みがもたらされるのだ。親にとって、子どもたちが自分の夢をかなえ、自信を持って生きているのを見るほど素晴らしい恵みはない。

自分に何ができるか

もちろん、前向きな子育ての5つのメッセージを理解したからといって、すぐによい親になれるわけではない。これは、身をもって学んでいくしかないのだ。子育てを進めていく中で、あなたは自分が思っていた親としての限界を超えている自分に気づくだろう。それでもあなたは、未知の状況に出くわすたびに「どうすればいいんだろう？」と悩むはずだ。そんなときには、自分に何ができるのかに関する明確な見解が必要だ。幸運なことに、あなたは何度でも本書に目を通すことができる。何かうまくいかないことがあったり、どうしたらよいかわからないときは、５つのメッセージをひとつひとつ吟味してみるといいだろう。今欠けているものは何なのかが浮かび上がってくるはずだ。

第2章

5つのメッセージを機能させるための6つの新しいテクニック

6つのテクニックを効果的にする順序

第1段階　協調姿勢を育む
第2段階　反抗を最低限に抑える
第3段階　子どもの反抗を解消する
第4段階　子どもを突き動かす
第5段階　親の指導力を行使する
第6段階　親のコントロールを維持する

1　協調姿勢を育むためのテクニック

前向きな子育て法の効き目を知るほど、恐怖心を基盤にした子育て法を簡単にやめられるようになる。前向きな子育て法を機能させるには、決して子どもを罰したり脅したりしてはならない。あなたの子どもは、まるで魔法のようにそれに反応してくるはずだ。恐怖心で支配されることに慣れてしまっている子どもの場合、多少時間を要するかもしれないが、効き目は必ず表れる。

ひっきりなしの指図はひかえる

協調姿勢を育《はぐく》むというのは、あなたの要望に応《こた》えたいという気持ちを子どもの中に植えつけることだ。まず、もっとも効果的に子どもに指示する方法を学ぼう。ひっきりなしに指図をしても効果はない。職場での自らの経験に置き換えてみて欲しい。他人に絶え間なく何かを指図されたらどうだろう？　子どもの一日は、何百という指図で満ちている。よく母親たちが、子どもが自分の言うことを聞かないとこぼしているが、それは至極当たり前なのだ。始終誰《だれ》かからがみがみ言われていたら、聞く耳など持たなくなってしまうだろう。

子どもの生活は、指図でいっぱいだ。「片づけなさい」「置きっ放しはやめなさい」「お兄ちゃんにそんな口のきき方をしちゃいけません」「妹をぶつのはやめなさい」「靴の紐《ひも》をちゃんと結びなさい」「シャツのボタンを留めなさい」「テレビを消しなさい」「夕飯を食べなさい」「シャツの裾《すそ》をズボンに入れなさい」「歯を磨きなさい」「野菜を食べなさい」「ちゃんとフォークを使いなさい」「食べ物で遊ぶのはやめなさい」「おしゃべりをやめなさい」「部屋を掃除しなさい」「寝る支度をしなさい」「ベッドに入りなさい」「妹を迎えに行きなさい」「走っちゃいけません」「家の中で物を投げてはいけません」「大きな声を出しちゃいけません」等々、延々と続く。親が子どもにがみがみ言うことにうんざりするのと同様に、子どものほうも親に耳を貸さなくなる。くどい指図は、コミュニケーションの流れを弱めるのだ。

「できる?」ではなく「してちょうだい」と頼む

ものを頼む際、「できる?」ではなく「してちょうだい」と言うようにしよう。「できる?」は反抗や混乱を生むが、「してちょうだい」は素晴らしい効き目を見せる。「ここを片づけてちょうだい」と言えば、要望を伝えていることになる。「片づけられる?」と言うのはその子ができるかどうか疑問を投げかけていることになる。つまり「あなたにはこれを片づける能力がある?」と聞いているのと同じことなのだ。親に協調したいという子どもの気持ちを掻《か》き立てるには、あなたは自分の願望を明確にしなければならない。子どもの協調姿勢を引き出す方法で、自分の要望を提示しなくてはいけないのだ。

本当にできるかどうかを聞いているなら「片づけられる？」と聞いても問題ない。子どもに何かをするように頼む場合、率直に言うようにしよう。たいしたことではないように思えるが、どのように頼むかで、子どもが言うことを聞く気になるかどうかは大きく変わってくるのだ。

親が苛立《いらだ》ったり、失望したり、取り乱した調子で「できる？」と尋ねると、子どもは間接的なメッセージを受け取ってしまう場合がある。親が「このガラクタを片づけられる？」と言うと、子どもは以下のようにとらえてしまう場合がある。

あなたはこのガラクタを片づけるべきよ。
もうとっくに片づけているべきでしょう。
言われなくてもやるべきよ。
さっきも片づけるように言ったでしょう。
ママが頼んだことをしていないのね。
まったくあなたは頭痛の種だわ。

いったいあなたどうしちゃったの？

直接的に伝えられてはいないものの、子どもたちはこれらのメッセージを感じ取るのである。こうした間接的なメッセージと罪悪感は、前向きな子育ての成果を破壊する。罪悪感や恐怖心を伴わない率直さは、非常に有効なのだ。

これを、子どもの脳の働きで見てみよう。あなたが「できる？」と聞くと、子どもの左脳が作動し、その問いの具体的な意味を考えようとする。あなたが「してちょうだい」を使うと右脳が作動し、やる気が喚起されるのだ。

あなたが子どもで、次のふたつの問いかけをされるとする。

「おしゃべりをやめてベッドに行ける？」あるいは「おしゃべりをやめてベッドに行ってちょうだい」。

一見、最初の問いかけのほうがより子どもを尊重しているように聞こえる。「ベッドに行ってちょうだい」というのは、権威的で支配的に聞こえる。だがよく考えると、「行ける？」という言葉には、「こっちが優しく頼んでいるうちに聞いたほうがいいわよ」というメッセージが含まれている気がする。

それに比べて、「行ってちょうだい」のほうは、子どもが自分の意志でこちらに協調することを促しているように聞こえる。反発を感じるなら、子どもはそれを自由に表に出してよいのだ。

「できる?」という言い方は子どもたちを混乱させ、親に協調しようという彼らの気持ちを徐々に麻痺《まひ》させていく。あなたは親なのだ。子どもがやるかどうか確信のないままものを頼んだりはしない。あなたが「テレビを消せる?」と聞いた場合、それは本当に消すことができるかどうかを尋ねているわけではない。あなたはテレビを消してもらいたいのだ。

遠まわしな質問をやめる

「できる?」より悪いのが、遠まわしな質問だ。言葉を並べ立てて子どもを説得しようとしているのならかまわないが、子どもの協調を求めているのならこれは逆効果だ。遠まわしな質問には、必ず言外のメッセージが含まれる。子育てにおいて、言外のメッセージは常に、親が直接子どもに言いにくいことだ。母親の多くは自分が言外のメッセージを与えていることにすら気づいていないが、子どもはすぐそれに気づくものなのだ。

ことに女性は、子どもを従順にさせるために遠まわしな質問をする傾向がある。子どもに部屋を片づけて欲しいとき、母親は「この部屋を片づけてちょうだい」と言う代わりに、「どうしてこの部屋はこんなに汚いの？」といった遠まわしな質問を投げかけ、子どもの羞恥心《しゅうちしん》と罪悪感を呼び起こす。いくつか例をあげよう。

■遠まわしな質問

どうしてこの部屋はこんなに汚いの？

いつになったら成長するの？

なぜ弟をぶつの？

■考えられる言外のメッセージ

あなたはこの部屋を片づけておくべきだった。あなたは悪い子で怠け者。ママの言うことをちっとも聞かない、等々。

あなたはまるで成長しない。ママはあなたの言動が恥ずかしい。まるで大きな赤ん坊。もっと大人になりなさい。

あなたは弟をぶつ悪い子。あなたは本当にどうしようもない子。何の理由もなく弟をぶっている。

大丈夫？

あなたの様子は何か変。行動が奇妙。何かちゃんとした理由がないなら、お仕置きよ。

どうして言いつけを忘れたの？

あなたはバカか、無神経かのどちらか。あなたは私の頭痛の種。あなたはまったく当てにならない。

なぜまだここにいるの？

もう寝る時間でしょう。本当に悪い子。何度も言ったのにちっとも聞こうとしないんだから。

遠まわしな質問をやめることで、親は子どもの協調を引き出すチャンスを得る。そのうえ、子どもとのコミュニケーションの向上も図れる。遠まわしな質問は効果がないだけでなく、親が送り出すマイナスのメッセージに対する責任を親自身が負うことの妨げとなる。自分が送り出しているマイナスのメッセージを認識しなければ、なぜ子どもが協調しないかを理解するのは困難である。

率直になる

母親が修得すべき技能のひとつ、それは率直になることだ。特に、小さな男の子に対してこれは重要だ。女性は往々にして、要望ではなく何が喜ばしくないのかをあげてしまう。これでは、砂漠で魚釣りをするようなものだ。望ましい反応が得られる可能性はほとんどない。率直でない物言いの例をいくつかあげてみよう。

■マイナスのメッセージ	■言外に含まれた指図
あなたたち騒々しすぎますよ。	静かにしなさい。
あなたの部屋また散らかってしまったわね。	部屋を掃除しなさい。
妹にそんな風にするのよくないわ。	妹に優しくしなさい。

弟をぶつなんてよくないわ。

またママの邪魔をして。

そんな口のきき方していいの？

靴の紐が結べていないわよ。

この前も遅刻したじゃない。

弟をぶつのをやめなさい。

邪魔しないで。

そんな口のきき方はやめなさい。

靴の紐を結びなさい。

時間を守りなさい。

ここでは、親たちは問題点をあげることで子どもに何かをさせようとしているが、具体的にどうしろと告げていない。これでは、子どもは言外に含まれた親の要望に気づかず、途方にくれるばかりだ。率直な反応が欲しいなら、マイナスの表現を抜きにした率直な要望を伝えなくてはならない。子どもの何がいけなかったのかをあげ連ねても、協調は生まれない。マイナスのメッセージを、プラスの要望に転換すると効果があがる。

■マイナスのメッセージ

あなたたち騒々しすぎますよ。

あなたの部屋また散らかってしまったわね。

妹にそんな風にするのよくないわ。

弟をぶつなんてよくないわ。

またママの邪魔をして。

そんな口のきき方していいの？

■プラスの要望

静かにしてちょうだい。

部屋を掃除してちょうだい。

優しくしてあげて。そんな風にしちゃだめよ。

弟をぶっちゃだめよ。

邪魔しないでね。

そんな口のきき方はしちゃだめよ。

靴の紐が結べていないわよ。
この前も遅刻したじゃない。

靴の紐を結んでちょうだい。
時間を守ってね。

説明をやめる

指図するのではなく頼むことに加えて、理由を説明しないように心がけよう。多くの子育てのベテランが、子どもに何かをさせるにはきちんと理由を説明すべきだと提言している。これは効果がない。あなたが自分の要望を正当化するために自分の立場を説明すると同時に、親としてのあなたの力は失われる。説明は子どもを混乱させるのだ。多くの親たちが悪気なく、子どもを説き伏せることで指示に従わせようとする。そんなことをする必要はない。ただ、決定権はママとパパにあるが、反抗してもかまわないのだということを思い出させればよいのだ。

こんな風に言う必要はない。「もう寝る時間よ。明日は朝早いんだから。歯を磨いてちょうだい」。ただこう言えばいい。「歯を磨いてちょうだい」。説明は無用だ。子どもが親に逆らう場合、それはたいていその理由に反発しているのだ。理由を与えなければ、反発する材料は減るというわけだ。

たいていの男性は、女性の要求に応えるときにこれを経験する。女性は往々にして、彼がどうしてそれをすべきなのかをとうとうと説明する。そして彼女が語れば語るほど、男性は反発を覚える。これと同じで、要求が簡潔であればあるほど、あなたの子どもは協力的になるのだ。

親が間違えやすい言い方をいくつかあげてみよう。

■説明

今日はテレビを見すぎよ。

もうテレビを消す時間よ。テレビだけじゃなく何か別のこともしてくれたら嬉《うれ》しいんだけど。

いつも家を出ようとすると、靴がないって騒ぐんだから。いつ

■より効果的な言い方

テレビを消して、何か別のことをしてちょうだい。

靴はいつも同じ場所に置くようにしてちょうだい。

も同じ場所に置くようにして欲しいって言ってるでしょう。

今日はとても疲れているの。後片づけができそうもないわ。今日はあなたにお皿を洗って欲しいんだけど。

今日はあなたがお皿を洗ってちょうだい。そうしてくれたらとても嬉しいわ。

説教をやめる

説明より悪いのが、何が正しくて何が間違っているのか、何がよくて何が悪いのかを説教することだ。「弟をぶつのはよくないわ。人をぶつのはよくないの。今すぐぶつのをやめてちょうだい」と言うのは実際のところ逆効果だ。約束事や決まりを話して聞かせるのは問題ない。しかし、それは子どもの気持ちを動かさないのだ。善悪に関する説教で言動を正されると、親に協調しようとする子どもの気持ちは挫《くじ》かれてしまう。九歳より下の子どもはそうしたややこしい話は理解できないし、それより上になると、単に耳を貸さなくなるのだ。

年齢に関係なく、子どもに説教をするときは、向こうがそれを求めてきたときだけだ。多くの親は、子どもが自分と口をきこうとしないとこぼしている。その主な理由は、親が過剰な助言や説教を与えようとする点にある。子どもは特に、親が説教によって自分の言動を正そうとしたりすると辟易《へきえき》する。この場合、説教は無意味なだけでなく逆効果になるのだ。

説教の例をひとつあげよう。

「弟は乱暴するつもりなんかなかったのよ。ただ遊んでて、当たっちゃっただけなの。仲良くするには、手を出すんじゃなくて、口で言うのが一番よ。相手をぶったら、余計に問題がややこしくなるのよ。学校で年上の子にぶたれたら、いやな気分でしょ？　弟も同じように、あなたにぶたれたらいやな気持ちになるの。手よりも口を使うほうがいいのよ。ぶつ代わりに『僕はぶたれたくないからやめろ』って言えばよかったのよ。それでも続けるようなら、何度も繰り返して言うの。いい？　ぶつ必要はないのよ。必ず別の手段があるんだから。その場を立ち去ったっていいの。ただ、あなたが暴れたい気分のときは、ママは喜んでレスリングの審判をやるわ。それか、ボクシングのグローブを使ってやるのもいいわね。ほかになす術《すべ》がな

いときにどう自分の身を守るかを学ぶのは大事なことよ。でも、弟を相手に喧嘩《けんか》するのはよくないの。あなたたちはふたりともお話ができるんだし、ママを呼んでくれればいつでも間に入ってあげるわ。だから、弟をぶっちゃだめよ」

どんなに有益で正しい内容の説教でも、子どもがそれを求めているのではない限り、子どもの反抗心を煽《あお》るだけなのだ。

感情を利用しない

感情というのは、同等の立場の者同士で共有するものだ。親は子どもに、自分の感情を自覚し、他人と共有するという大切な技能を学ばせなくてはならない。その過程で親がよく犯す過ちは、「私はこう感じる」という主張を用いることだ。多くの書物が、常に自分の感情を子どもとコミュニケーションすることを声高に勧めている。だが子どもの協調を引き出そうとする場合、これは往々にして逆効果なのだ。

よくあるのが、次のような言い方だ。

「あなたが木登りをしたら、ママはあなたが落ちるんじゃないかって怖くてたまらない。下りてきて欲しいの」

「あなたが弟をぶったら、ママは怒るわ。だってママは、あなたたちがお互いをぶったりせずに、仲良くして欲しいの」

これらの言い方は、子ども同士あるいは大人同士が気持ちを伝え合うのには効果を発揮する。だが、世代の壁を越えるのに感情を利用するのは得策ではない。上の立場にいる親が、マイナス感情を使って子どもの行動を促そうとすると、子どもは親に対して過剰な責任を感じてしまう。その結果、子どもは親を落胆させることに罪悪感を覚えて無理に行動を合わせようとしたり、親に操られているように感じて反抗したりするのだ。

自分の感情を子どもと共有する親たちは、「どうしてうちの子は私にあれほど反抗するのだろう」と思い悩む。そうした子どもたちは思春期を迎えると同時に、親とのコミュニケーションを一切絶ってしまう。多くの成人男性が妻の言葉になかなか耳を傾けようとしないのは、子どものころ母親の感情に操られたという意識があるからだ。そのもっとも顕著な例が、父親や母親からの「あなたがこんなことをしたら、私はがっかりする。私の言う通りにして」という言葉だ。この場合、子どもにはふたつの選択肢しかない。後ろめたい思いをするか、無視するかである。どちらも健全とは言いがたい。

気分が乱れて誰かにその気持ちを話したい場合、親は自分と同じ大人に慰めと支えを見いだすべきである。子どもに感情的な支えを求めるのは見当違いだ。たしかに、自分のプラスの感情を子どもと分かち合うのは素晴らしいことだが、マイナス感情は自分を操ろうとするものとして子どもから拒絶されるのだ。

一部の親たちは、「私はとても怒っている」と言えば、子どもを操れると考えている。たしかにこれは子どもに対する脅しになるが、恐怖心を基盤にしたこうしたやり方は、あなたの願望に沿いたいという子どもの自然な気持ちを徐々に麻痺させていくことになる。感情で操ろうとするやり方は、子どもを従順にはするかもしれないが、協調させることはできない。子どもの多く、特に男の子はあなたに背を向けるようになるだろう。彼らはあなたの話に耳を貸さず、しまいには目を合わそうともしなくなるだろう。

多くの親たちは、子どもに感情というものをより深く認識させようとして「私はこう感じる」という言葉を使う。だがそれは、子どもに何かをさせようとしているときに使ってもうまくいかない。一番効果的なのは、子どもたちがあなたの気持ちを聞いてきたときにそれに応える形で、あるいは子どもが感じている気持ちを自分も感じたことがあると思えるときに、用いることだ。

実践する

子どもを協調しようという気持ちにさせるのはそれほど難しいことではないが、それにはたくさんの練習が要求される。まず、命令ではなく簡潔な要望を伝えることに専念しよう。次のリストを参考にしてみて欲しい。

■指図

これを片づけなさい。

弟にそういう言い方をするのはやめなさい。

■要望

一緒に部屋を片づけましょう。

これを片づけてちょうだい。

相手を大事にする気持ちを忘れないようにしましょうね。弟と話すときは、もっと優しくしてあげてね。

妹をぶつのはやめなさい。

靴の紐を結びなさい。

シャツのボタンを留めなさい。

歯を磨いてきなさい。

食事をしなさい。

お願いだから、今すぐ妹をぶつのをやめて。みんなで仲良くしましょう。

出かける準備をしましょうね。

靴の紐を結んでちょうだい。

きちんと身支度をしましょうね。

シャツのボタンを留めてちょうだい。

寝る支度をしましょう。歯を磨いてきてちょうだい。

夕飯を食べましょう。

テレビを消しなさい。

おしゃべりをやめなさい

野菜を食べなさい。

フォークを使いなさい。

テレビを見すぎないように気をつけましょうね。この番組が終わったら、テレビを消してね。

静かにして、ママの話を聞きましょうね。おしゃべりをやめてちょうだい。

野菜が体にいいのは知ってるわよね。食べてちょうだい。

ちゃんとお行儀はよくできるわよね。手じゃなくフォークを使ってね。

子どもが反抗したとき

この新しいアプローチを取り入れると、子どもたちはのびのびと行動するようになる。彼らはあなたの言葉をバカにし、いやだと言うかもしれない。しかし心配する必要はない。これは起こるべくして起こっている状況なのだ。彼らの反応は、喜んで協調するか、喜んで反抗するかのどちらかだ。あなたも、他人に言われたことすべてを聞き入れるわけではないだろう。子どもも同じなのだ。

「しましょう」という言葉は、子どもが九歳になるまではほとんどの状況で有効なはずだ。ただ、「一緒に部屋を片づけましょう」と言った場合、あなたもそれに参加しなければ無意味だ。「しましょう」という言葉を使いこなせるようになるには練習が必要だが、だんだん自然に口から出るようになるだろう。

子どもたちがあなたの要望に逆らったら、次の第2段階に進むときだ。第1段階における技能は、協調の基盤を作るためのものだ。第2段階の技能は、あなたの要望に逆らった子どもを動かすためのものだ。実践を重ね、子どもたちが前向きな子育て法に慣れるにしたがい、第1段階の技能はよりその効果を発揮していくだろう。恐怖心で支配されることに慣れている子どもにとっては、この第1段階は後に続く第2、第3、第4段階の基盤を築いてくれるものだ。いずれあなたは、あなたが何かを頼めばたいていの場合、子どもが協力してくれることに気づくはずだ。

2　反抗を最低限に抑えるための新しいテクニック

子どもの反抗を許すことで、一方的な服従ではなく協力的な姿勢が子どもに生まれる。反抗にあい、時には服従のほうがましだと思うこともあるかもしれないが、前向きな子育て法には反抗を最低限に抑えるためのテクニックがある。子どもの反抗には必要なものもあるのだ。協力的な精神を育むためには、親がまず、子どもの声に耳を傾けなくてはならない。子どもは、自分の言うことをきいてもらっていると実感することで、親の言うことに耳を傾けるようになるのだ。一方で、あなたの要望に対して時折起こす反抗を通じて、子どもは明確で前向きな自我を形成していく。

反抗を最低限に抑えるための4つのポイント

前向きな子育て法は従順さを要求するのではなく、子どもの反抗心を用いて、親に協調しようとする意志を強化するものだ。罰や非難によって子どもの意志を砕こうとすると、最終的には協調しようとする子どもの自然な意志を蝕《むしば》んでしまうことになる。意志が砕かれることなく育まれている限り、協調しようとする子どもの意欲は増幅し、反抗心は最低限にとどまるのだ。

反抗している子どもが必要としているものを与えれば、その意志を砕くことなく、反抗を最低限に抑えることができる。それには以下の４つが必須である。

反抗している子どもが必要としている4つの対処法と4つの気性

1 耳を傾け理解する。（繊細な子ども）
2 準備と枠組み。（活発な子ども）
3 気を逸《そ》らしてからもう一度指示されること。（敏感な子ども）
4 日常的な行事とリズム。（感受性の鋭い子ども）

子どもが反抗をやめ、協調しようとする内なる衝動を感じるには、理解と枠組みと導きとリズムが必要である。これらが満たされない限り、子どもたちはなかなか親に協調しようという気にならない。たとえば、新しいテクニックを使えば、親は自分が子どもの感情や欲求や願望を見て、聞いて、理解していることを示すことができる。理解されたいという要求が満たされれば、子どもの反抗は自ずと収まり、協調性が増大するのだ。

子どもには個性があり、何をもっとも必要とするかはそれぞれで異なる。だが、一番必要なのが理解だとしても、ほかのものが不要なわけでは断じてない。すべての子どもにとって4つともすべてが重要なのだが、そのうちのひとつかふたつをとりわけ必要とする子どもも中にはいるのだ。ある子どもが、耳を傾け理解してくれる親の態度に好反応を示す一方で、ほかの子どもは準備と枠組みを求める。特定の要求を満たすことで、子どもはそれぞれの気性に見合った前向きな反応を示すのだ。

4つの気性

子どもの中には、4つの気性が存在する。これを把握することで、あなたは自分の子どもを分類し、反抗を最低限に抑えるための4つの対処法のなかで一番有効なものを採用することができる。4つの気性をそれぞれ同じ配分で持っている子どももいれば、ひとつの気性がほかに比べて大幅に多かったり、少なかったりする子どももいる。ひとつの気性が別の気性より優れていたり、劣っていたりということはない。ただそれぞれ異なるというだけだ。この4つの組み合わせには際限がない。だからこそ、すべての子どもは特別なのだ。では、4つの気性をひとつひとつ見てみよう。

●第1の気性「繊細な子ども」は、耳を傾け理解されることを必要とする。

最初の気性は繊細さだ。繊細な子どもは傷つきやすく、感じやすい。自分の願望や欲求に敏感な彼らの大半は、耳を傾け理解されることに鋭く反応する。

子どもなら誰でも理解を必要とするが、彼らはことに、反抗心を解放するためにそれを求める。繊細な子どもたちは、自分の欲求を自覚し、感情を共有することで自らを知る。不平不満は彼らの特質の一部だ。自分が抱えている重荷を披露する機会を与えられると、彼らは生き生きする。

たとえば、子どもがこう言ったとする。

「誰も僕に声をかけてくれなかったんだ。いやな一日だったよ」

親はこう言う。「それはひどいわね」

子どもは言う。「サラは親切だったよ。僕の描いた絵を褒めてくれたんだ」

ほんの少し認めてもらえるだけで、彼らは再び物事のプラスの面を見始める。彼らは、自分が感じた痛みや葛藤《かっとう》に対する共感と承認を人一倍必要とするのだ。概して、彼らには人一倍の時間が必要だ。繊細な子どもたちを急《せ》かそうとすると、いっそうの反抗を生むだけだ。彼らには独自の時計があるのだ。

親は間違ってもこんなことを言ってはいけない。「サラが優しくしてくれたんなら、そんなにひどい一日でもなかったんじゃない？」

きっと子どもはこう言い返すだろう。「そんなことないよ。みんな意地悪なんだ」

繊細な子どもが前向きな態度に変わり始めたら、ただ黙って見守っていることだ。その変化につけこんで、彼らが感じた痛みを軽視してはならない。

繊細な子どもは、定期的に共感を示してもらえないと、同情を得るために自分の悩みを大げさに表現するようになる。「お腹《なか》が痛い」と言うだけでは優しい配慮のある応答を得られないと、それは「頭とお腹が痛くてたまらないのに、誰もかまってくれない」に変化してしまうのだ。理解が示されないと、あらゆる痛みは拡大する。同情してもらえないと、精神的にも肉体的にも痛みが倍増するのだ。親に無視されると、繊細な子どもの感情と悩みはどこまでも膨らんでいく。

親が一番してはいけないのは、元気づけようとすることだ。子どもが腹を立てたり失望したりしているときに、腹を立てるべきではない理由を説明しようとしても無駄だ。あらゆるプラス面に注目させようとすると、子どもは理解してもらおうとして余計にマイナス方向に走ってしまいかねない。親は慎重に子どもの話に耳を傾け、無理にその悩みを解決しようとしたりしないことだ。

繊細な子どもたちは、自分は孤独ではなく、親もまた同じように苦しんでいると感じる必要がある。健全ではないかもしれないが、場合によっては、親が自分の苦しみを子どもと分かち合うことが有効なときもある。

たとえば、子どもがいかに何かが大変で辛《つら》かったかを語ったら、親はこう言ってもいい。「わかるわ。実を言うと、今日はママもついてなかったのよ。渋滞につかまっちゃってね」。

こうしたアプローチが、繊細な子どもの要求を満たす場合もあるのだ。


繊細な子どもが反抗するときには、同情を込めた言葉を送る必要がある。たとえば「あなたががっかりしているのはわかるわ。あなたはまだ遊んでいたかったのに、ママがあなたをここに呼んだんですものね」などだ。適切な支えがないと、繊細な子どもは反抗をやめることができない。同情がないと、彼らは自分を被害者と思い込み、自己憐憫《れんびん》の情におぼれる。彼らは自分の苦しみに敏感であり、それを理解されないとすぐに、責められていると感じるのだ。

こうした子どもたちは、自分のマイナス感情は悪いものではないという明確なメッセージを必要としている。彼らが、痛みや混乱を乗り越えるのには人一倍時間がかかる。そんな彼らにとって、自分の重荷や惨めさに共感を示してくれる人の存在は嬉しい安堵《あんど》感を呼ぶ。繊細さが足りない親はよく、自分の子どもはどこか変なのではないかと考え、状況をさらに悪化させてしまう。

また繊細な子どもたちは、新しい人間関係に無理やり入れられることに強い拒否反応を示す。ほかの子どもたちに比べて、新しい人間関係や友情を築くのに時間がかかるのだ。彼らが人と会い、友情を築くのには周囲の助けがいる。ひとたび友情を築けば誠実であるが、裏切られれば傷を深く負ってしまう。許し、忘れることを学ぶのは、彼らにとってとても重要だ。親が彼らの葛藤の声に耳を傾け、理解を示せば、彼らが失望に順応し、許す心を身につけるのに大いに貢献できる。

こうした子どもたちが必要なものを与えられれば、その秘められた天分が開花する。彼らは思慮深く、寛容で、創造性に溢《あふ》れ、心の交流を大切にし、独創的である。慈しみ深く、穏やかで、親切だ。彼らは他人や世の中に尽くすことで、素晴らしい充足感を得るのだ。

●第2の気性「活発な子ども」は、準備と枠組みを必要とする。

活発な子どもは、自ら内省するより、外的な影響力を持つことに興味を覚える。行動とその結果に関心があるのだ。彼らは自らの意志で動き、何をすべきかがはっきりしている場合にもっとも協力的になる。彼らは常に、行動を起こす準備ができているのだ。

こうした子どもたちにはきちんとした枠組みが必要である。さもなくば、すぐにあなたのコントロールを逃れ、あなたの権威に逆らい始める。彼らは常に、前もって計画や規則を知り、誰に従うべきかを把握している必要がある。こうした準備が整っていれば、彼らはとても協力的で頼りになる。この種の子どもたちの反抗を最低限に抑えるには、前もって限度や規則や方向性を明らかにしておかなくてはならない。

たとえばこんな風だ。「ではこうしましょう。まずブランコで遊んでから、ジャングルジムに移るわよ。ひとり2分遊んだら、次の人と交代よ」。このように明確な枠組みを示して準備を整えることで、活発な子どもは親に協調するのだ。


活発な子どもは常に注目を浴びたがる。常に自分が正しい存在でありたいのだ。親という枠組みがないと、彼らは独裁的になる傾向がある。こうした子どもには、優秀な指導者になるためのチャンスが必要なのだ。彼らは、自信に溢れた有能な指導者を敬い、従う。

たとえば親が指示を与えた後に、子どもが自分の望みを言って反抗したら、その意見を検討したうえで、もう一度どうするかを決めよう。

あなたが「最初にブランコに乗って、それからジャングルジムに行きましょう」と言ったら、子どもはこう言うかもしれない。「でもジャングルジムのほうが面白いよ。先にそっちに行こうよ」。すると、賢い親はこう言う。「それがいいわね、そうしましょう」。活発な子どもは、自分が正しい主張をして認められることが大好きなのだ。

活発な子どもの反抗を最低限に抑えるには、彼らの主張を優先し、できる限り何かの責任を持たせることだ。彼らにはあり余るほどのエネルギーがあり、そのエネルギーを正しく使いこなすには、親という枠組みが必要なのだ。責任ある立場を与えられると、彼らは周囲を喜ばそうという意欲に突き動かされるのだ。

活発な子どもは、自分が必要とされており、親に信頼されているという実感を求める。親のこんな言葉は非常に効果がある。「まず、ジャングルジムに行って、みんなが一番上に登れるようにしましょう。ビリー、みんなが上まで登れるようにあなたが気をつけてあげてね。あなたが最初に登ってお手本を見せてあげて」

明確な指針を与えたうえでリーダーに据えられると、活発な子どもの最善の資質が引き出される。彼らは自動的に、より協力的になる。エネルギーがあり余っている彼らは、長時間じっとさせられていると苛立ちを感じる。そのうち何かをしたくてたまらなくなり、何も考えずに行動を起こして問題にぶつかる。だからこそ、彼らには枠組みが必要なのだ。行動がきちんと管理されていれば、彼らのあり余るエネルギーは何の問題を起こすこともなく自由に溢れ出る。

活発な子どもの反抗を最低限に抑えるひとつの手段、それは彼らを疲れさせることだ。作業やゲームをさせたりしてエネルギーを使い果たさせるのだ。決まった距離を走らせて、時間を計ってみるのもよい。活発な子供は、自分の記録を更新することが大好きだ。その子が成し遂げたことを認めてあげれば、反抗心は溶けていく。

活発な子どもは、行動を起こし、過ちを犯すことで自分について学んでいく。彼らは、成功を認められ、失敗を許されることを必要とする。この種の子どもたちは、大いに問題を起こす傾向がある。罰や非難を恐れていたら、彼らは自らの過ちを隠そうとし、その結果、そこから何かを学んで成長していくことがなくなってしまう。

活発な子どもは、あなたと行動をともにすることで反抗心から離れる。たとえほんの少し手伝ってくれただけでも、その働きを認め、感謝しよう。そして「よくがんばったわね」などと言って褒めるのだ。活発な子どもは、常に成功者でありたがる。成功ほど、彼らをやる気にさせるものはない。

活発な子どもは、自分が成し遂げてきたことの結果で自分のことを知る。彼らは力を好む。あなたの要望に逆らうとき、逆らってもかまわないが、決定権は親にあるのだという確かなメッセージを伝えることが必要である。

たとえばこんな風に言うといい。「今あなたがベッドで休んでいるのはわかるけど、私はあなたに部屋を掃除して欲しいの」。それに子どもが応えなければ、あなた自身で部屋の掃除を始めながらこう言おう。「ここから片づけ始めましょう」。セールスでは、こうしたアプローチを「ユーザー発想」と言う。客を自分と同じ立場に仮定したうえで、その客に何が必要か細かい部分を掘り下げていくのだ。

活発な子どもには、あなたが何を望んでいるか明確に、そして率直に伝える必要がある。「私はあなたにこうして欲しい」という言葉は、決定権は親であるあなたにあるのだということを子どもに思い出させ、反抗を最低限に抑える。適切な支えがないと、活発な子どもたちは暴走し、他人に危害を加えかねない。彼らには、枠組みと統率に加えて、過ちを犯してもかまわないのだということ、そして彼らが最善を尽くしていることをあなたが承知しているというメッセージが必要なのだ。

彼らはひとたび暴走すると、自分の言い分が通らない限り、周囲に乱暴に当たり散らしたり、癇癪《かんしゃく》を起こしたりする。多くの親は、こうした子どもたちをコントロールすることを恐れ、対決を先送りにする。これは、問題を悪化させるだけだ。こうした子どもたちには、定期的な考える時間「休止時間」が必要だ。それを与えられることで、彼らは決定権が誰にあるのかを思い出し、必要な枠組みを取り戻すことができるのだ。

活発な子どもたちは、自分が正しいという気持ちが強く、過ちを指摘されることを嫌う。特に人前で注意されることは、彼らには耐えがたいことだ。内々でこっそり注意すれば、反抗も少なく、言い訳もしないはずだ。人前では、言葉で注意する代わりに、こっそりと秘密のサインを送ったりするのもよいだろう。自分の面目を保ってくれる親に、彼らは大いに感謝するはずだ。

たとえば、もっと友達に優しくしなさいと言う代わりに自分の耳を引っ張る。おとなしくしなさいと言う代わりにあごを触るなどするのだ。子どもたちはそうしたサインに感謝するだろう。自分の面目を保ってくれるだけでなく、時には間違いを犯してもかまわないのだと間接的に教えてくれるからだ。

責任者の役割を任されない限り、彼らは自分の俊敏な動きについてこない人を拒絶する傾向がある。彼らはてきぱきと行動したがり、そのエネルギーを持っている。彼らが他人の遅いペースを受け入れるのは、相手を手助けするという仕事に忙しく立ち働いているときだ。

こうした子どもたちは枠組みを与えられると、より繊細で思いやり深く寛大になる。彼らは定期的に休止時間を与えられることで、忍耐することを覚える。彼らには責任感のある有能な指導者になる資質が備わっている。時を重ね、自信をつけていくに伴い、他人の気持ちに対する理解も深めていく。

●第3の気性「敏感な子ども」は、一度気を逸らしてから再び指示されることを必要とする。

敏感な子どもは社交的で積極的だ。彼らは、世の中に対する自らの反応を基に自我を形成する。彼らは自らの意志で進んで、人生におけるすべてを見て、聞いて、味わい、体験しようとする。いろいろなものに興味を持ち、そこから刺激を受けようとする。

ひとつひとつの新しい経験が、新しい彼らを導き出す。新しい経験をすることで、命を吹き込まれるのだ。こうした子どもたちは変化は好むが、集中することは苦手だ。彼らはしばしば、物事を特定のやり方でやるように言われると癇癪を起こす。自分のやり方を通す自由を人一倍必要とするのだ。

彼らは往々にして、ひとつのことを完遂せずに次に移ってしまう。親はこれを理解してあげ、心配しないことだ。この子にはあちこちと動き回ることが必要なのだ。混乱は、彼らの学習過程の一部だ。自由に探索し、変化し、ありのままの自分でいられれば、集中力も養われ、物事に腰を据えて取り組むようになるだろう。

敏感な子どもは、ひとつの活動から別の活動にまるで蝶《ちょう》のように移り飛ぶ。彼らには、探索し、体験し、発見する時間が必要なのだ。すぐに気が散ってしまう彼らには、何をすべきかを教える指示が必要だ。あなたの指示を忘れたからといって、彼らはあなたに反抗しているわけではない。本当に忘れてしまっているのだ。親は決して、このことで子どもに恥ずかしい思いをさせてはならない。彼らは徐々に、集中する術《すべ》を身につけていくだろう。彼らはすぐに、新しいものに気をとられてしまう。実はこの移り気を、反抗を最低限に抑えるのに利用できるのだ。

敏感な子どもがあなたの要望に逆らったら、あなたはその子を新しい可能性、新しい活動、あるいは別のチャンスに導き直してあげればよい。この子どもが必要としているのは理解や枠組みではなく、一度気を逸らしてから再び導き直されることなのだ。いくつか例をあげよう。

癇癪を起こしたとき、三歳までの幼児ならすぐに、可愛《かわい》らしい玩具や鍵《かぎ》や歯ブラシや貝殻やガラス玉など、見たり聞いたり味わったり触ったり遊んだりして楽しめるもので気を逸らせ、再び正しい方向に導くことができる。私の妻のボニーは、子どもが癇癪を起こしたりぐずったりしたときに気を逸らすための「小道具」を常に携帯していた。これはあらゆる子どもに効き目があるが、ことに敏感な子どもへの効果は絶大なのだ。

●子どもの気を引く「歌」の効果

歌は、あらゆる年齢の子どもの気持ちを煩わしいことから逸らせ、自分は愛され支えられていることを再認識させるのに大いに役立つ。子どもはあなたが歌うのを聴いたり、一緒に歌ったりするのが大好きだ。妻のボニーは、娘ひとりひとりに特別な歌を作ってあげていた。娘たちが泣くと、私たちはその歌を歌った。すると彼女たちは、機嫌を直すのだ。

参考までにそのうちのひとつを紹介しよう。

……………
ローレンベス、ローレンベス、パパとママはローレンベスが大好き
ローレンベス、ローレンベス、パパとママはローレンベスが大好き
ローレン、ローレン、ローレンベス……（繰り返し）

機嫌が悪いとき、単純な歌を繰り返し歌うことで子どもの気をいったん逸らし、再び穏やかな気分に導くことができる。音楽を聴くより、歌を歌うほうが効果的だ。なぜなら、歌うという行為は子どもと親の結びつきを強めるからだ。

歌は、言葉に比べて重くない。喜ばしくないことに集中している子どもの気持ちを、別の方向に導くことができる。これは、子どもの気を逸らせ、あなたの望む方向に導き直すにはうってつけだ。人は、イライラを抱えながら歌を歌うことはできない。歌を歌ったり聴いたりすると気分が明るくなり、人生がより楽しくなる。歌うことは、創造的な右脳を活性化させる。創造性は、子どもの柔軟性と協調姿勢を高める。

●「手伝い仕事」を楽しいものにする

私は娘たちと一緒に歌を歌いながら皿洗いをすることで、皿洗いの退屈さから彼女たちの気を逸らすことができた。また、手伝いを5分間に限定することで、彼女たちはそれを重荷に感じないですんだ。幼いうちから働かせすぎないように気を配ったことで、彼女たちは手伝いをすることをいやがらなかった。今や大人になった娘たちは、一生懸命仕事をしながらも楽しむ術を身につけている。

七人きょうだいのなかで育った私は、皿洗いの当番のことをよく覚えている。週に一度だけのことだったので、たいした仕事ではなかったはずだ。だが当番が回ってくると私はいつもこう思っていた。「いつも僕が皿洗いをやるんだ。楽しいことなんか何もない。みんな楽しく遊んでるのに、僕だけ貧乏くじだ」

子どもにとって、いやな時間は永遠に続くものだ。作業に時間がかかりすぎると、「いつも手伝いばかりやらされてる」という気分になる。手伝い仕事を楽にして、手助けをしてやることで、子どもたちはまず楽しみながら作業することを学び、後々、学校の勉強も楽しんでできるようになるのだ。

子どもにとって、七歳になるまではきちんと面倒をみてもらっていることを実感し、七歳から一四歳までは遊びや歌や工作や絵や楽器やスポーツや宿題などを楽しむことに集中するのが理想だ。皿洗いや掃除やペットの世話の手伝いは、負担にならない程度にやらせるといい。手伝い仕事の量を決めるには、彼らの不満の声に耳を傾け、検討を重ねるのが最善の手段だ。親は、ひとつひとつの段階で調整を行いつつ前進しなくてはならないのだ。

楽しんで仕事をすることを覚えた子どもは、一〇代を迎えると本気で身を入れて励むようになる。命じられるがままに楽しまないで仕事をしていた子どもは、楽しむ術を知らない。一〇代を迎えると、こうした子どもは手伝いをすることに反抗したり、まったく楽しまないで機械的に行うだけになる。

ほんの一〇〇年前には子どもは工場で働いていた。しかし社会は徐々に、これは虐待に当たると気づいていった。現代でも、私たちは子どもを家で働かせることは過ちであることに気づかなければならない。今や、七歳前後の子どもには、新しい仕事がある。家族や友人と遊び、楽しい思いをすることだ。この時期こそ、子どもが人生においてもっとも重要な技能を育むときだ。それは、幸せになる能力である。

大半の大人は、本当に人生を楽しむ術を知らないでいる。それというのも、楽しむ術を身につけるのに必要な手助けを得てこなかったからだ。幸せとは一種の技能であり、この技能は七歳から一四歳までの間に培われるものだ。思春期に入る前に過剰な量の勉強や責任や仕事を負わされると、幸せになる能力が抑圧されてしまう。こうした人々は、努力することを拒絶して無責任な楽しみを追いかけるか、懸命に努力はするものの、心から幸せや満足を感じることができなくなるかのどちらかになる。

大半の親は、一生懸命努力して責任感のある人間になることを子どもに教えなくてはならないと勘違いしている。子どもは、責任感のある親を持つことで責任感のある人間になるのだ。親が一生懸命努力している姿を見て、一生懸命努力することを覚えるのだ。子どもは、すべてを模倣から学ぶ。自分の目に映る親の行動をそのまま実行するのだ。親は、自らの心に従い自信を持って、幸せで楽しい子ども時代を作ってあげればよいのだ。努力は、思春期に入るまで必要ないのだ。

●「読書」の効果

子どもがベッドに入る前にぐずったら、歌を歌い、さらに本も読んであげると、子どもの気持ちは落ち着き、深い眠りに誘われるだろう。寝る前に本を読んであげるという行為は、親が子どもに与えうる最高の贈り物のひとつであるが、これは敏感な子どもにとっては特に重要なことだ。彼らは、物語や神話や伝説の話を渇望する。遠い世界や人々に思いを馳《は》せるのが好きなのだ。

九歳になるまで、子どもはみな魔法の国に住んでいる。親はそれを案じる必要はない。ゆっくりと成長させてあげれば、子どもたちはしかるべきときがくればきちんと現実の世界に順応する。子どもは、七歳になるまでは理屈を受け入れる力すらなく、一三歳になるまでは抽象的な思考も理解できないのだ。

もしニュースで殺人犯が野放しになっていると知ったら、子どもは自分もほかの人たちと同様に危険にさらされていると考える。こうした恐怖心を抑えるのに理屈は役に立たない。「この辺は治安がいいから安全よ」と言っても無駄なのだ。魔法的な思考には、魔法的な解決法が必要だ。子どもの安全のためにお祈りをしてあげるのもいいだろう。あるいは、魔法の杖《つえ》を振って子どもの安全を保証してあげてもいい。できれば、七歳になるまではテレビのニュースを見せないようにするのが望ましい。

物語を聞くことで、子どもの気持ちは重荷から解放される。子どもは物語を聞いて作り上げた空想を介して、想像力や創造性や強い自我を育む。成功した人間というのは、自分で人生を作り上げたという意識が強い。一方で、人生の試練に翻弄《ほんろう》されたと感じている人は何をやってもぱっとしないものだ。想像力と創造性を育むことで、子どもは人生の障害に対する準備を整えていくのだ。

敏感な子どもや繊細な子どもは、物語を聞いて心の中で空想することで強い自我や創造力を育み、人生を根拠のあるものとしてとらえるようになる。テレビや映画を見すぎると、この内なる空想世界を築く過程が損なわれてしまうのだ。

●気を逸らせて再び導く

気を逸らせることはすべての子どもに効果を発揮する。八歳ごろまでの子どもは、イメージや色彩に溢れた物語を聞かされるだけで、機嫌が悪いのが直ったりする。

たとえば、コートをかけるようにというあなたの言いつけに逆らう子どもには、高圧的な言い方をやめ、物語を語るような口調で話しかけよう。「まあ、見て。あの木にはきれいな緑の葉っぱがいっぱいついてるわね。前にきれいな森の中を歩いたとき、周りには大きな木がたくさん聳《そび》え立っていたわ。空は真っ青で、白い雲がぽっかり浮いてた。一日中、クタクタになるまで歩いたの。疲れたけど、とても気持ちよかったわ。さあ、コートをかけてちょうだい」

あなたが語るたくさんの色彩や事物を空想することで、子どもは自然と反抗を忘れ、あなたとの親密な調和の中に入っていく。その結果、子どもの協調性は倍増するのだ。

年齢を問わず、機嫌が悪かったり反抗したりしている子どもは、「じゃあ、こうしましょう」という誘いに好ましい反応を見せる。親は、子どもに何がしたいのかを聞くのではなく、指示を与えなくてはならない。子どもは独自の願望を持つようになると、あなたの意見に逆らい、自分の望みをあなたに告げる。そこで親はこう言うのだ。「それはいいわね。そうしなさい」。子どもの願望を直接聞くのではなく、あなたから提案をし、子どもがそれに賛同したり逆らったりできるようにするのだ。例をあげよう。

母親「ジミー、公園に遊びに行きましょう」
ジミー（八歳）「公園なんか行きたくない」
母親「どうして？」

ジミー「おうちで遊びたいんだ」
母親「そう、おうちに居たいんならそれでもいいわよ。クレヨンを出してらっしゃい。お絵かきをしましょう」
ジミー「お絵かきなんかしたくない。飛行機のプラモデルで遊びたいんだ」
母親「それはいいわね。じゃあ、プラモデルで遊んでなさい。あとで様子を見に来るわね」

このように子どもに何がしたいかを直接尋ねるのを避ければ、子どもはあなたに逆らって自分の主張をすることを覚える。どの気性にも共通して言えることだが、子どもに何が欲しいのか、好きなのか、必要なのか、さらにはどんな気持ちなのかを尋ねるのは賢明とはいえない。その代わりに、あなたから何かを提案し、子どもがそれを拒絶したり受け入れたりできるようにするのだ。拒絶することで、彼らは自分が何を欲し、感じ、考えているのかをはっきりと認識するのだ。

敏感な子どもは人一倍朗らかで好奇心旺盛《おうせい》だ。彼らにとって、人生は冒険だ。社交的で口数も多い。人懐っこく、誰にでも好意を抱く。概して魅力的で、親切だ。

彼らはあまり物事に執着せず、簡単には傷つかない。癇癪も起こすし反抗もするが、それは概して意に沿わないことを無理強いされたりしたときだ。こうした感情の浮き沈みは、彼らにとっては日常茶飯事だ。

だらしなく、忘れっぽく、当てにならない面もある。彼らに何かを頼むなら、何度も念押ししなくてはいけない。これを承知していれば、親は気をもまずにいられる。この種の子どもに、秩序を求めても無駄だ。それを作るのはあなたの仕事なのだ。たとえば、敏感な子どもは誰かに手伝ってもらわないと部屋を片づけようとしない。叱《しか》る代わりに、一緒に作業にかかればいいのだ。

さまざまなことに手を出し、楽しむ機会を与えられれば、彼らの集中力の幅は広がり、物事に専念することを学ぶ。そのうちに、仕事を完遂することも覚える。子どもが七歳を過ぎたら、ひとつのことに専念させるようにしよう。これは、親が手伝ってあげることで簡単に実行できる。

適切な支えがないと、敏感な子どもは生きていくうえでの責任に押しつぶされ、無責任でだらしなくなったりする。そして、大人になることの責任を拒絶する。必要な支えを得られれば、彼らは自信に満ち、堅実で成熟した人間になる。

●第4の気性「感受性の鋭い子ども」は、定例行事とリズムを必要とする。

感受性の鋭い子どもは、先行きを人一倍気にする。次に何が起こるかを知り、見通しを立てたがるのだ。それを理解したとき、彼らは協力的になる。

見通しが立たない状況は、彼らの中の反抗心に火をつける。彼らは、自分が何を期待するかによって自分を知る。愛されることを期待すれば、愛されている気持ちになる。日課や反復作業、そしてリズムが必要なのだ。

彼らには、決まった食事時間、就寝時間、遊び時間、父親や母親と過ごす特別な時間、明日の洋服を準備する時間などが必要だ。「さあ、○○をする時間よ」「さあ、○○をしましょう」などという言葉には好意的に反応する。

彼らは、もっとも心優しく、思慮深い子どもたちだ。秩序だったペースで物事を実行するために時間を必要とし、変化には激しく抵抗する。簡単に決断を下すことができず、何を欲し、考え、感じているのかを尋ねられるのが苦手だ。彼らは、何をすべきか教えてもらう必要があるのだ。

大きな変化がない限りは、彼らほど協力的な子どもたちはいない。彼らにとって、時間が変わるということは行動も変わるという合図だ。「○○する時間よ」という言葉を使うことで、子どもは、すべては今まで通りだと安心する。彼らの周囲の状況は、予測可能でなくてはならないのだ。

何をすべきか指示されるのを好む一方で、無理強いされたり、急かされたりすることを嫌う。繊細な子どもと同様に、何かを実行したり、変化を起こしたりするのに時間を要するのだ。彼らには、すべては前もって計画されていたことだという確信が必要だ。彼らはほかの子どもたちに比べてあまり動き回らない。一つ所で静かに休んだり、食事をしたり、何かを眺めたり聴いたり、眠ったりすることに安らぎを覚えるのだ。

彼らはただ時間の流れを楽しむことができる。自分で方向性を決めたり、革新的なことをしたりはしない。誰かに「さあ○○する時間よ」と言われなければ、いつまでもぼんやりと座っている。危険を冒して未知に挑むよりは、その場に留まっていたいのだ。

活発な子どもとは違い、人をリードしようとはせず、さらには敢《あ》えて人の輪に加わろうともしない。幼い時期の彼らは、人を観察する必要がある。ほかの子どもたちが五〇回やるのを見て、突如自分もそれを実行する。彼らにとっては、観察だけで十分に参加していることになるのだ。

四歳くらいなら、ほかの子どもたちが遊んでいるのをじっと見ているだけでも、決して疎外感を覚えたりはしない。見ているだけで十分満足なのだ。ほかの子どもたちを通じて、自分もそれを行っているからだ。いずれその子もその遊びに加わるようになるだろう。子どもが七歳前後なら、参加を勧めてもかまわないが、子どもがいやがったら無理強いはしないことだ。

勧める場合、「仲間に入ったら?」と言うのではなく、「さあ、そろそろ仲間に入ってもいいころよ」と言おう。

子どもがいやがったらこう言おう。「いいわ。見てるほうがいいのね。仲間に入りたくなったら教えてね」

物静かで、聞き分けがよく、控えめな感受性の鋭い子どもは、しばしばないがしろにされる場合がある。だが彼らも時と場合によっては、逆らい、戦う必要がある。そのためには、彼らを穏やかに突き動かすものがなくてはならない。

あなたは、こうした子どもに課題を与えるべきだ。そうした手助けがないと、彼らはいつまでも何に対しても関心を抱かない。日常の慣習や繰り返しやリズムという安定に守られつつ、新しい何かを始める危険を冒さなくてはならないのだ。

やりたくないというのは、やらないことの十分な理由にはならない。彼らは決して、新しいことをしたがらない。彼らが新しいものを拒絶したら、決して無理強いしてはならない。彼らにとっては、見ているだけで、自分にとって快適なレベルで参加していることになるのだ。折をみてその好奇心を広げる機会を与えながらも、決して無理に参加を勧めてはいけない。彼らは、ただ見て観察しているだけで十分なのだ。

この種の子どもは、邪魔されることを嫌う。何であれ、最後の最後までやり遂げたがる。あなたがそれをやめさせようとすると反抗するが、彼らの反抗は往々にして沈黙だ。問題を大きくしたり、気まずい思いをしたりするのを避けようとするため、癇癪を起こすこともない。彼らは、親を失望させたり、拒絶されたりすることを極度に恐れているのだ。

●子どもが安心する毎日の行事

感受性の鋭い子どもは、期待通りの愛され方を必要とする。子どもが自分の価値や、親との特別なつながりを実感するには、愛情を表す定例行事が必要だ。行事にはそれほど時間をかける必要はない。ただ子どもにとって特別な時間であり、何度も繰り返し行われればいいのだ。

娘のローレンと私には、街を抜けて森まで散歩し、売店で彼女の好物のクッキーを買って食べるという特別な儀式があった。娘が小さいときには乳母車に乗せ、その後大きくなってからは、歩いたり自転車に乗ったりした。それはおおよそ25分の道程だった。片道に10分ずつ、クッキーを食べたり散歩中の犬とじゃれたりするのに5分だ。

現在思春期まっさかりの娘は、そのとき体験した私との親密なつながりをはっきりと覚えている。たくさんの大人が、子どものころの愛情や喜びを覚えていない。これは大きな喪失だ。愛され支えられたことの記憶は、生涯私たちに深い安心感を与えてくれるのだ。

通常の子育ての営みを特定の時間に行うことで、それは定例行事になり、子どもの記憶にもしっかりと刻まれる。また、何度もそれについて話すことでもそれは定例になる。子どもが自分を特別な存在と感じるには、特別なときに特別な営みが必要だ。いくつか例をあげよう。

子どもに安心感を与える定例行事　その1

・土曜の朝には、父親が特製の目玉焼きを作る。
・土曜の朝には、家族中で朝寝坊をして、母親がおいしいワッフルを作る。
・父親は子どもの迎えに遅れたら、お詫《わ》びにアイスクリームをご馳走《ちそう》する。
・父親は出張で留守のとき、必ず電話をかけて宿題を手伝ったり、おやすみの挨拶《あいさつ》をする。

- 寝る前、母親が必ず本を読んであげる。
- 寝る前、母親か父親が必ず歌を歌ってあげる。
- お腹が痛いとき、母親は必ず湯たんぽをお腹に当ててあげる。
- 父親は機嫌がいいとき、必ずお気に入りの歌を歌う。
- 毎週木曜日の夜八時には、家族全員で見るテレビ番組がある。
- 毎晩寝る前に、親子でその日あったことを話し合う。
- 春には、家族全員で花摘みに行く。
- 夕飯前に、家族全員で犬の散歩に行く。
- 毎年夏休みには、同じホテルに泊まりに行く（もちろん、違う場所でもかまわないが、同じ場所に何度も行くことでそれは定例になる）。
- 毎週日曜日には、家族全員で散歩したり、ピクニックに出かけたりする。
- 夏の日曜日には、家族全員で海に行く。
- 毎年七月には、地元のお祭りに行く。
- 毎晩寝る前にお祈りをし、父親や母親が子守唄《うた》を歌ってあげる。

子どもの生活にリズムをもたらすための重要な定例行事はほかにもいろいろある。もちろん、それらすべてがどの家庭でも実践可能なわけではない。だが、参考のためにいくつかあげておこう。

子どもに安心感を与える定例行事　その2

・毎朝同じ時間に起きる。
・食卓に座る場所を決める。
・毎朝同じ時間に学校に出かける。
・毎週火曜日と木曜日には公園に行く。
・毎週土曜日には洗車をする。
・毎日同じ時間に夕食を用意する。「夕食ができたわよ。降りていらっしゃい」など、毎回決まった言葉で子どもを食卓に呼ぶ。
・翌日着る洋服を前日の夜に選んでおく（これは、朝子どもがなかなか服を着替えようとしない場合にも大いに助かる）。
・ベッドに入る前に顔を洗って歯を磨いてパジャマに着替えるというお決まりの作

業を、毎晩同じ時間から始める（こうしたリズムは不可欠である。子どもは、定まった時間に寝る支度をすることで、ぐっすり眠れるようになる）。

このような楽しく愛情溢れる定例行事は特別な思い出となり、幼児期からその後の生涯に至るまで大いなる安心感を与えてくれる。ここであげたほど楽しく特別でもない定例行事でも強い安心感、そしてもっとも重要なリズムをもたらす。

感受性の鋭い子どもはリズムを習得すると、強さと秩序正しさを育むようになる。彼らは秩序を作り出し、それを維持する。穏やかで実務的な彼らは、目標を達成するためにはどんな障害をも乗り越える。他人を慰め、癒《いや》す能力に長《た》けている。決して敏速に動きはしないが、地に足がつき、堅実である。

3　子どもの反抗を解消するコミュニケーション・テクニック

子どもの反抗心を抑え、協調姿勢を引き出すためにもっとも重要となるのは、耳を傾け理解する技能だ。子どもが反抗する場合、その子はどこかで別の何かを欲し、必要としている。その満たされない要求や願望や欲求は、確認され、表に出されなければならない。要求や欲求をはっきりさせることで、子どもの反抗が収まることはよくある。この場合、子どもの反抗の原因を理解するだけで問題は解決するのだ。コミュニケーション向上のためのテクニックを学ぶことで、子どもの反抗を抑え、協調を強めることができる。

なぜ子どもは反抗するのか

子どもが親に反抗する場合、それは往々にして、子どもが何かを求めていて、親が理解してくれればそれはかなうはずだと子どもが考えている場合だ。考えてみて欲しい。親であるあなたはたいていの場合、「子どもが何を欲し、望み、必要としているか?」を考えている。そしてそれをかなえるために行動をとっているはずだ。愛情と支えを実感している子どもは、自分の望みや願望をあなたに伝えれば、あなたが要求を変えてくれるはずだと信じている。

自分の欲求や願望の重要性を理解さえすれば、あなたはそれに合わせてくれるはずだと思っているのだ。時に彼らは、自分が望んでいるのは何か別のことであると伝えたいがために反抗する。

たとえば、五歳の男の子がクッキーを欲しがっているが、母親は夕食の後まで待たせたいと思っているとする。

ボビー「ママ、クッキー食べたい」
母親「もうすぐ夕ご飯よ。夕ご飯が終わるまで待てば、ひとつ食べていいわ」
ボビー「でも僕は今食べたいんだ……」

子どもは怒って癇癪を爆発させる。母親はまず、ボビーの反抗を理解するために彼の言い分に耳を傾ける。その後、静かに言う。
「あなたが今クッキーを食べたいのはわかるわ。あなたがクッキーを食べたいのに、ママがあげないから怒ってるのよね」
この時点で、ボビーは一息つき、反抗をやめる。ママは自分が何を望んでいるかをわかっていて、クッキーはちゃんともらえるのだと思えたからだ。そして母親は言う。「でも、夕ご飯のあとまで待たなくちゃだめよ」

時には、このレベルの理解で十分な場合もある。だが子どもによっては、協調するのにこれ以上の理解を要求する場合もある。たいていの場合、子どもが反抗するのは、親が自分のことを顧みていないと感じたときだ。


ボビーがこれ以上の時間と理解を必要とする場合を考えてみよう。怒りが収まったあと、彼は失望と悲しみを感じる。母親に逆らい続けてはいるものの、彼の反抗は趣が変わっている。怒りから、失望と悲しみに変化しているのだ。ボビーは泣きだす。「僕が欲しいものは何でもだめなんだ。待つのなんかいやだよ」

再び、母親は理解を示し、満たされない息子の欲求を明確にする。母親は言う。「あなたが悲しいのはわかるわ。クッキーが欲しくて、待つのはいやなのね」

明らかに反抗は収まってきているが、それ以上に重要なのは、より深いレベルの感情が湧《わ》き上がってきていることだ。しばらく泣いたあと、ボビーの恐怖心が表面に出てくる。彼はこう言って反抗する。「もうクッキーはもらえないんだ。一個でいいのに。何でだめなの?」

この段階で、母親は説明を避け、子どもの気持ちと欲求を理解するように努め続ける。そしてこう言う。「わかるわ、クッキーをひとつももらえないんじゃないかって心配なのよね。夕ご飯が終わるまで待てば、必ずあげるわ。約束よ。いらっしゃい、いい子ね。ぎゅってしましょ。大好きよ」

この時点で、ボビーは母親の腕に包まれ、そもそも必要としていた愛情と安心感を得る。概して子どもが反抗する場合、その子はあと少しだけ深いレベルの何かを求めているのだ。彼らが必要としているのは、理解され、愛され、抱きしめられることなのだ。

子どもが素直になるふたつの条件

あなたが子どもの欲求や願望や要求を理解していることを伝えるには、ふたつの条件を満たさなくてはならない。親が子どもの感情を理解していることを伝える一方で、子どもも、今クッキーが欲しいという欲求だけでなく、自分の言い分に耳を傾けてもらう必要性を認識しなくてはならない。(「今はクッキーはだめよ」というような)制限を課されると、子どもは反抗心を抱く。この時点で彼らは、クッキーが欲しいという欲求の裏にある、自分の声に耳を傾けてもらう必要性を認識していない。

次に親は、子どもの怒りや不満を穏やかに温かく確認しなくてはならない。親がこうした感情を認識すると、子どもも自分の感情に気づく。子どもは怒っていても、自分が怒りを感じていると認識していないのだ。
クッキーの件がうまく解決したのは、ふたつの条件が満たされたからだ。母親は自分の理解を伝え、子どもは理解される必要性が満たされたことを感じた。このテクニックは４つの気性すべてに有効だが、一番顕著に効果が表れるのは繊細な子どもだ。

「繊細な子」ほど、より深く自らの感情に分け入っていくことを必要とする。子どもの反抗の下にあるのは、最初は怒りで、次は悲しみ、そして恐れだ。より深く自分の感情に入り込むチャンスを与えられることで心の扉が開き、子どもは自分の要求が満たされたことを感じる。より深い感情にまで入り込まないと、彼らはいつまでも満たされない気持ちのまま、反抗してクッキーを欲しがり続けるのだ。繊細な子どもに対しては、親は主に子どもの欲求を理解しつつ、怒りや悲しみや恐れを引き出すことに専念する必要がある。

「活発な子ども」に対しては、感情を引き出すことに専念しながらも、子どもが何をしているか、あるいはしたがっているかを認識しなくてはならない。たとえばこうだ。「あなたがわざわざここまでクッキーをもらいに来たってことはわかってるわ。それなのに、ママが夕ご飯の後まで待ちなさいって言ってるから、怒ってるのよね」。活発な子どもは、現状を細かく説明してもらえるだけで、理解されていると感じるのだ。

一度気を逸らせてから再び導かれることを必要とする「敏感な子ども」には、「あなたが今クッキーを欲しいのはわかるわ。それなのにママがあげないから怒ってるのよね。ちょっとこっちにいらっしゃい。夕ご飯の後に食べる分のクッキーを包んでおきましょう。今日の夕ご飯はピンクのサーモンと真っ白なポテトよ。ほら、このポテトをご覧なさい……」というような言葉が効果的である。

リズムを必要とする「感受性の鋭い子ども」には、「あなたが今クッキーを欲しいのはわかるわ。待つのはいやだから怒ってるのよね。今は、夕ご飯の支度をする時間で、その後がデザートの時間よ。まず夕ご飯を食べてから、デザートにしましょうね」というように、時間を引き合いに出すと比較的順調に事が運ぶ。感受性の鋭い子どもは、ほんの少しのリズムを与えられただけでリラックスできるのだ。

子どもの反抗に対処する「厳しい愛情」

子どもの反抗に対処する場合、ふたつのアプローチ法がある。甘い愛情と厳しい愛情だ。厳しい愛情をもった親は、「子どもの反抗を許してしまったら、子どもを甘やかすことになる。子どもは常に、決定権は親にあるということを忘れてはいけないのだ」と勘違いしてしまう場合が多い。このように了見の狭い考え方は現代では時代遅れだが、その一部は真実である。生きていくうえで健全な安心感をもつには、子どもは親が自分より上の立場にいるということを常に念頭においておかねばならない。

子どもは他人より上の立場に立つのが好きだが、それは彼らの人格形成によい影響を与えない。子どもは、責任という重荷など負わずに子ども時代という魔法の世界で遊ぶべきなのだ。あまりにも多くの選択肢は不安感を生み、問題を引き起こす。子どもは、素直になろうとする自然な意欲を自ら切り離し、我がままで身勝手で反抗的になる。「鞭《むち》を惜しむと子どもをだめにする」という古い格言は、現代に合わせて「誰が上の立場にいるのかを忘れたとき、子どもはだめになる」に改訂すべきだろう。私たちが子どもに伝えなくてはならない新しいメッセージ、それは、反抗してもかまわないが決定権はママとパパにあることは忘れるなというものだ。

厳しい子育て法は、子どもの自然な反抗を認めようとしない。すでに述べたように、子どもの協調を引き出すために叩《たた》いたり、罰したりする必要はない。罰によって、子どもは短期的には従順になるかもしれないが、後に必ず反抗するようになる。現代の子どもたちの反抗期はどんどん早くなってきている。こうした反抗は、子育てを困難で辛いものにするだけでなく、子どもの自然な成長をも妨げてしまう。

専門家たちのなかには、思春期の子どもが反抗するのは当然であり、その時期には親と口をきかなくなったり、親に愛情や支えを求めなくなったりするのは正常だと言う者もいる。

だが、思春期だからといって必ずしも子どもは親に反抗しなくてはならないというわけではない。一〇代の子どもと親との間の断絶は、正常でも健全でもない。それはただ一般的なだけだ。

子どもは思春期になると、仲間からの支えをより必要とするようになるが、だからといって親の導きや愛情が不要になるというわけではない。この時期、彼らは自分の個性を模索し始める。だが、親の導きに従って親を喜ばせたいという健全な気持ちも持ち続けている。

自分の意志を曲げ、上の立場の者の規則に従順に生きていては、充実した人生を生きることはできない。意志を曲げ、規則に追従することを教えても、子どもの役には立たないのだ。現代の子どもたちには、自らが望む人生を生み出す潜在能力がある。

子どもには、自らの夢を実現させる力がある。しかしこの力は育まれなければならない。それは、創造力だ。障害にぶつかったとき、創造力のある人間は屈したりしない。彼らは別の道を探し、自分の望みを実現し、他人の要求も満たそうとする。子どもの中にある素直な魂を目覚めさせることで、この創造的な知性は目を覚ます。子どもを単に従順に育ててしまうと、世の中で能力を発揮し、成功するための芽を摘み取ってしまうことになるのだ。

子どもの反抗に対処する「甘い愛情」

現在多くの親は、厳しい子育て法を断念している。彼らは耳を傾けることの重要性には気づいているが、上の立場に立つことの重要性は理解していない。子どもの言い分を聞いて、なだめることで、反抗を抑えようとしているのだ。子どもが不幸なのを見るに耐えない彼らは、子どもを喜ばせるためならどんな犠牲も厭《いと》わない。こうした甘い子育てはうまくいかず、多くの親がこれまでの前向きな子育て法に疑問を抱くきっかけとなった。幸運にも、本書の前向きな子育てのテクニックはすぐに効果が表れる。それは、短期的にも長期的にも効果を発揮するのだ。甘い親は、時に子どもの欲求や願望に屈してしまう。というのも、ほかに子どもの癇癪を抑える術を知らないからだ。自分が子どものころにされたことはやりたくないと思いながらも、ほかに効果のある手段を知らないのだ。子どもを甘やかすことで、彼らは子どもたちに、癇癪を起こしたり駄々をこねたりすれば望みがかなうという誤ったメッセージを送ってしまっている。

甘い子育て法は、子どもの機嫌を取ろうとするものだ。甘い親は、子どもとの対立を避けるためなら何でもする。反抗してもかまわないというメッセージを送るばかりで、自分たちの優位性を確立していないのだ。

甘い親は、反抗は子どもにとって必要なものであることを理解していない。子どもは、あなたが彼らに望んでいることが本当に重要であると納得する必要がある。さもなくば、子どもたちは自分がもっと重要だと思うことにかまけてしまう。子どもには、自分の声に耳を傾け、何が最善かを決めてくれる強い親が必要なのだ。

前向きな親は、常に決定を下す。子どもにはまだその力はない。彼らには引っ張ってくれる人間が必要だ。それがないと、彼らは自滅的な行為に走り始める。甘い子育ては、短期的には反抗を抑えるかもしれないが、親に協調しようとする子どもの意欲をそいでしまう。その結果、女の子には自信が、男の子には思いやりが足りなくなる。

前向きな子育て法では、子どもの反抗の声に耳を傾けてから、何が最善かを決定する。何が最善かを決めるということは、あなたの本来の立場が変わるということではない。自分が何を必要としているのかを認識した子どもは往々にして熱心な交渉者となり、あなたを説得して気持ちを変えさせるのだ。

子どもの願望に屈するのと、何をすべきかに関する自分の考えを変えるのとでは、大きな違いがある。親は確かに決定権を持っているが、自分の見解に頑《かたく》なにしがみついてはいけない。子どもの反抗の声に耳を傾けるということは、子どもが何を感じ欲しているのかを考慮したうえで何が最善かを決定し、それを貫くということなのだ。

満足感を先送りにする

親が甘くても厳しくても、子どもは、反抗の限界を体験して、それに対応するチャンスを得られない。反抗心を表に出すことで、子どもは自分の影響力の限界を知り、さらに限界を受け入れることができるようになる。時間や空間の限界を受け入れるのを学ぶことは、人生にとって必要なことだ。限界にぶつかることで、子どもは自分を否定することなく、順応することを覚える。反抗しても無駄だと知ることで、満足感を先送りにする能力を体得できるのだ。

数多くの研究で、満足感を先送りにできる子どもは、その後の人生において成功する確率が高いと論じられている。周囲を見回して欲しい。成功を手にしている人というのは、辛抱強く目標を達成する人であるはずだ。欲しいものがすぐに手に入らないからといってすぐに投げ出してしまったりはしない。彼らは、欲しいときに欲しいものが手に入らないからといって、自分の欲求や願望を否定したりはしない。逆境にぶつかっても、新たなエネルギーと情熱を胸に何度でも蘇《よみがえ》るのだ。

焦らず待てる能力というのは、欲しいものがすべて手に入らなくても幸せを感じ穏やかでいられる能力のことでもある。親に逆らった後で徐々に反抗心を減らすことができる子どもは、現実を受け入れる術を身につけていく。彼らは素直な心で限界を受け入れ、何も心配することはないと信じることができる。皮肉なことに、反抗心を表に出せる能力こそが、人生に対する柔軟性を私たちに与えてくれるのだ。現実をしっかりと受け入れることで、何を変えることができるかがはっきりと見えてくる。これは大いなる心の平安のみならず、変えられるものを変えようと努力し続ける忍耐力をもたらしてくれるのだ。

4　子どもを突き動かすためのテクニック

かつて、子どもたちは主に罰で脅されることで正しい行いをさせられていた。子どもが感心できない行いをすると、大半の親は反射的に子どもを脅そうとする。

私たちはたいてい、「言うことを聞かないと、どういうことになるかわかってる？」「今すぐ泣きやまないともう知らないわよ」などと言う。小さな子どもに対しては、手を上げたりもする。暴力や苦痛という脅しが、子どもの行いに歯止めをかける役割を果たしているのだ。恐怖心を歯止めに用いるのは一見効果があるように思える。しかし、それでは親に協調しようという子どもの自然な意欲は目覚めない。先にも述べたように、服従と協調はまったくの別物だ。子どもが真に親に協調するには、親を助けたいという意欲を自ら起こさなくてはならない。罰で子どもの意志を挫《くじ》くのは解決策ではないのだ。

罰をやめるのにはかなりの決心がいる。というのも、罰は短期的な目で見れば非常に効果的だからだ。私たちは罰をやめたいと思いながらも、別の手段がわからないでいる。罰は非人道的だとはわかっていても、それがないと子どもは甘やかされ、我がままになり、手に負えなくなってしまうと思っている。

これを変えたいという声に応えて、一部の専門家たちは子どもに自らの行動の「結果」を与えるように提唱している。たとえば、悪い行いの報いを、罰ではなく「結果」と呼ぶのだ。これは罰の恥辱を取り去ることを意図したものだ。子どもは、「あなたは悪い子だから罰を与えるのよ」というメッセージの代わりに、より前向きな「過ちを犯してもかまわない。でも、これがあなたの行動の結果よ」というメッセージを受け取る。このテクニックは罪悪感を和らげ、より人道的ではあるが、恐怖心が基盤になっていることに変わりはない。罰よりは遥かによいやり方だが、子どもの中にある親と協調したいという自然な欲求を目覚めさせはしない。ある意味、これは「罰を与える」という言い方を少し柔らかくしただけなのだ。

罰が機能するのはなぜか

非人道的な罰（指を切り落としたり、鞭や石で打ったりなど）が苦痛を与える一方で、文明的な罰は金銭や自由を奪うものだ（罰金や投獄）。言い方を換えれば、文明的な罰は人間に喪失の苦痛を味わわせるものなのだ。よりよい人間になって過ちを避けるために、多くの人々が貢物や生贄《いけにえ》を捧《ささ》げることで神を敬ってきた。神のために何かをあきらめることで喪失の痛みを感じ、その結果善悪に対する認識が高まったのだ。

自分の経験を思い出して欲しい。私たちは何かを失い痛みを感じると、後悔を覚え、次には違うやり方でやろうと考える。過ちから学ぶわけだ。痛みを感じることで、これから先の痛みを避けるために変化を起こそうという気持ちが起こるのだ。それに加えて、自分の感情を認識することで、より大きな創造性と直感を引き出すことができる。善悪を判断する能力は、自らの感情から生まれる。マイナス（苦痛）であろうとプラス（喜び）であろうと、感情は私たちが人生に順応するために必要なものなのだ。

現代の子どもたちは時代遅れの罰など必要としていない。素晴らしい潜在能力を持っている彼らは、これまでとは違う新しい支えを求めているのだ。

素直になる能力は、長い時間をかけて形成されてきた。二千年前、キリストは語った。「あなたが神と、自分自身と、隣人に心を開けば、あなたは神の意志を知るだろう。心の静寂の中で、静かな声があなたに語りかけるだろう。自らの内を見つめれば、あなたはすぐに、探し求めている天国を見いだすであろう」

宗教の経典にしばしば登場するこの静かな声とは、開かれた心や精神から生まれるものだ。それは感情から出てくる。親が愛情を基盤に語り、行動するようになれば、子どもも親の言葉だけでなく、その心にある愛情に耳を傾けるようになる。そうすれば、子どもたちは恐怖心ではなく愛情によって突き動かされるのだ。

親が心を開いて子どもを育てれば、この静かな声は聖人だけが聞くことのできる特異な体験ではなく、一般的なものとなる。自らの内を見つめることができれば、天国は今ここにあるのだとわかる。心のままに生きれば、天国を地上にもたらすことができるのだ。

罰に代わるものとして褒美を与える

現代の子どもは、罰ではなく褒美で動かさなくてはならない。前向きな子育ては、マイナスの行動の結果ではなく、プラスの行動の結果に焦点を絞る。マイナスの結果ではなく、プラスの結果を使って子どもを動かすのだ。

褒美を求める気持ちほど、子どもを突き動かすものはない。多くの場合、親に協調したいという子どもの欲求を目覚めさせるのは、物質的な褒美や褒め言葉である。子どもなら誰でも、親との特別な時間を求めている。子どもなら誰でも、デザートに目の色を変える。子どもなら誰でも、プレゼントが大好きだ。子どもなら誰でも、パーティーや祝い事を楽しみに待つ。そして親なら誰でも、欲しいものが手に入ると知っているときの子どもがいかに穏やかで、素直かを知っているはずだ。

「もっと」手に入れること、あるいはもっと手に入れることへの期待感は子どもの中の何かを呼び覚ます。褒美への期待は子どもにエネルギーを与え、協力と助けを必要としている親の要望に応えることに専念させる。「もっと」を約束されると、老いも若きも相手に協力しようという気になる。あなたの子どもを素直にさせるのは、罰ではなく褒美なのだ。

親が新しい考え方を取り入れるには時間がかかるが、ビジネスの場合そうはいかない。ビジネスが競争を生き残り、繁栄するには、すばやく変化に順応していかないと、すぐに取り残されてしまう。たとえば航空会社は、マイレージサービスなどの特典や報奨が、自社の飛行機を利用する客の意欲を刺激すると知っている。現在成功しているビジネスの大半は、お得意の客に特別な褒美を定期的に提供している。

ビジネスの世界では報奨の使用は一般的だが、こと子育てになると、子どもに褒美を与えるのは賄賂《わいろ》と同じだという根強い考え方が残っている。一部の親たちは、褒美で子どもを動かすことは、親の立場を弱め、子どもが主導権を握ることになると主張する。だが、このような考え方を推進する親たちこそ、子どもの行いを正すために罰を与えている。そして、罰はマイナスの賄賂でしかないのだ。

子どもが悪さをするふたつの理由

子どもたちは必要なものを得られないと、手に負えなくなり、悪い行いをする。彼らが悪い行いをするのは悪い子だからではなく、あなたのコントロールが効いていないからだ。必要なものを手にしていれば、彼らはあなたにコントロールされ、素直になる。設備の整った素晴らしい車でも、あなたがハンドルから手を離せばあっという間に暴走する。親がきちんとコントロールをしないと、子どもは暴走するのだ。

子どもが悪さをするふたつ目の理由は、悪い行いに対する親の対応だ。親がマイナス行為にばかり注目していては、子どもはいつまでもマイナスの振る舞いを続ける。子どもは罰せられると、プラス行為ではなくマイナス行為ばかりするようになるのだ。

プラス行為に褒美を与えれば、彼らのした善行に注目することになる。罰するということは、子どものした悪行に注目し、子どもは生まれつき悪いもので更生させなくてはならないという古い考えを後押しすることになる。悪い面にばかり注目していると、よい面は表に出てくるチャンスをいつまでも得られない。

よくも悪くも、あなたの関心が寄せられたものは成長する。子どもを罰すれば、あなたの関心は子どものマイナス行為に向けられていることになる。罰とは対極にあるのが許すという行為だ。それは、過ちを犯してもかまわないのだと告げ、その過ちを忘れて前進しようとする行為だ。子どものプラス行為に注目すれば、それは成長する。親は子どものあら探しをするのではなく、子どもが正しく行っていることを見つけなくてはならない。子どもが正しい方向に向かっているときには必ずそれを認めるようにすれば、彼らはその後も同じ方向に向かい続けるだろう。

四歳から九歳までの子どもには、正しい行為の日課をリストにしてあげるとよい。寝る前にそのリストを見て、その日実行できた項目に星印をつけよう。できなかった項目があれば空白にしておき、あまり気にとめないようにしよう。できなかったことにはこだわらず、やり遂げたことを熱烈に褒めるのだ。星ひとつを一点とし、二五点たまったら、いつもの倍絵本を読んであげるなり、野球の試合を見に行くなり、何か特別なことをするとよい。これは、自分の成功を認められた特別な記憶として子どもの心に残るだろう。

子どもを打ちのめす否定的な言葉

自分がいかに頻繁に否定的な言葉を投げかけているかを認識することで、それをやめることができる。子どものあら探しをしたり、不完全さを責める代わりに、彼らが問題を解決できるように導くのだ。

子どもを責める言い方

本を片づけていないわよ。

あなたおかしいわ。

あなたうるさいわ。
妹に意地悪するんじゃありません。
あなたの部屋はめちゃめちゃね。
いったい何度上着を忘れれば気がすむの？
いつになったら成長するの？
ママの話をぜんぜん聞いていないじゃない。
そっちに行っちゃいけません。
食べ物で遊んじゃいけません。
もっといい子だとよかったのに。
ぼんやりしないで。
走り回るのはやめなさい。
乱暴はやめなさい。
また威張って。
そんなんじゃ誰も好きになってくれないわよ。
「ありがとう」って言わなかったわね。
「お願い」って言わなかったわね。

物を食べるときは口を閉じていなさい。
ママが頼んだことを何ひとつしてないじゃない。
テレビの見すぎよ。
音楽を消してちょうだい。頭が痛くなるわ。
泣き言はやめなさい。
何ひとつまともにできないのね。
時間を忘れないようにね。
あなたと遊んでも楽しくない。
バカはやめて。
まるで大きな赤ん坊みたいね。
あなたはもうママの手に負えないわ。
あなたがそんなことできるはずないわ。
バカなこと言うんじゃありません。
全部あなたのせいよ。

子どものよい面を伸ばすには、肯定的な言葉を投げかけたり、プラスの方向に導いたりすればいい。例をあげよう。

■否定的な言い方

ママの話をぜんぜん聞いてないじゃない。

まったくあなたは手に負えないわ。

ひどい服装ね。

そんなことできるわけないでしょう。

■前向きな指示の出し方

ちゃんと話を聞いてちょうだい。

ママの言うことを聞いてね。

あの新しい青いシャツを着てちょうだい。そのズボンとぴったりよ。

どうしたらいいか考えてみましょう。

バカなことをして。

本を片づけていないわよ。

ご飯のときに歌なんか歌うのはお行儀が悪い子よ。

泣き言はやめなさい。

また我がまま言って。

もう一度最初からきちんとやり直してみましょう。

本を片づけてちょうだい。

ご飯のときは歌わないでちょうだいね。

もうその話はやめましょう。

ママの言うこと聞けるわね。

子どもをたしなめたら、その三倍はよい行いを褒めなくてはならない。子どもは、親から善行を十分に褒められないと、親の言葉に耳を貸さなくなるのだ。

子どもの善行を見つける

子どもの善行を見つけて、それを褒める際の例

ちゃんと本を片づけたのね。
お部屋がきちんと片づいているわね。
とてもおりこうね。
とても親切ね。
静かにお話ししてくれて嬉しいわ。
上手にできたわね。
とても助かったわ。
ちゃんとお行儀よくしてえらいわ。
一緒に遊ぶと楽しいわね。
あなたみたいな子のママ（パパ）でよかったわ。
おとなしく話を聞いてくれてありがとう。

言いつけを全部守ったのね、いい子だわ。
ナイフとフォークを上手に使えるのね。
頑張りやさんね。
いいのよ、あなたが一生懸命やったことはわかってるわ。
今日は聞き分けがいいのね。
玩具《おもちゃ》を貸してあげたのね。優しいのね。
ひとりで着替えられたのね。
助けが必要なときはいつでも呼んでね。
ちゃんと言いつけを守ってくれてありがとう。
動物をかわいがってえらいわね。
お手伝いしてくれてありがとう。助かるわ。
今日は元気いっぱいね。

親が子どものプラス面を指摘し、褒めることで、子どもは自分自身のことをきちんとしたよい人間だと思うようになる。自らに対するこのプラスイメージは、彼らを素直にするだけでなく、自尊心や自信をも生む。

甘い子育て法は、たくさんの肯定の言葉を与えるという概念に一応即している。甘い親の子どもが不安定と自尊心の低さを感じると、一部の専門家たちは、肯定の言葉を与えることが悪影響を及ぼしているのだと主張する。

それは間違いだ。甘い親の過ちは、親の望み通りに行動しない子どもの反抗を見て見ぬふりをすることだ。甘い親は、癇癪を恐れて子どもの要求に屈してしまうのだ。子どもをだめにするのは肯定の言葉ではなく、なだめようとする行為なのだ。

なぜ子どもは親の指示に反抗するのか

時に、外的な影響やストレスがあなたのコントロールを超え、子どもを反抗に駆り立てる。スーパーマーケットや飛行機の中で、子どもの泣き声に苛立つ周囲の人々のストレスに圧倒されてなおさら子どもが泣いてしまう状況がその典型だ。

覚えておいて欲しい。子どもは自らを理解してもらうために、癇癪を起こしたり反抗したりするものなのだ。家庭で親に甘やかされすぎて十分な癇癪を起こしていない子どもは、親が彼らをなだめられない公衆の場で癇癪を起こす傾向にある。彼らは甘やかされることに慣れている。親がそれをできない状況になると、子どもは気難しくなり、癇癪を起こすのだ。

子どもが反抗したり、癇癪を起こす主な理由

・失望していて、あなたと話をして理解してもらいたいのに、あなたにその時間がないとき。
・疲れていて眠いとき。自然なリズムが乱れるとき。
・空腹のとき。
・状況が飲み込めないとき。
・テレビの見すぎ、長時間の買い物、人ごみ、はしゃぎすぎなど、過剰な刺激に身をさらされたとき。
・何か気がかりなことがあって、それを相談したいとき。

子どもの気性に合わせた褒美の与え方

小さな褒美を与えることで、子育ては格段に楽になる。多くの場合、反抗している子どもは褒美をもらうとあっという間に素直になる。適切なときに与えられる褒美によって、子どもは親を喜ばせたいという自然な欲求を取り戻すのだ。

しかし大半の親たちは、子どもがこうした褒美を逆手に取り、褒美がなければ何もしないようになるのではないかと懸念している。ありがたいことに、そういう事態は起こらない。前向きな子育て法のテクニックとともに用いられれば、褒美は、無条件で親に協調しようという子どもの意欲を目覚めさせ、強めるのだ。一度、褒美を介してある行為に突き動かされた子どもは、次回からは褒美を要求しなくなるのだ。

次に、子どもの気性に合わせてどう褒美のことを伝えるかを探ってみよう。

「繊細な子ども」に褒美のことを説明する際には、感情を前面に出そう。たとえばこうだ。「今言うことを聞いてくれたら、あとで一緒に楽しいことをする時間ができるよ。ママのために花を摘んでもいいね。ママは花が大好きだから。大きな花束を作ろう」

「活発な子ども」には、行動を細かく説明しよう。「今言うことを聞いてくれたら、あとで一緒に楽しいことをする時間ができるよ。外に行って、ママのために花を摘もう。梯子《はしご》を出して、木の実を取ってもいいね」

「敏感な子ども」には、感覚に訴える言い方をしよう。「今言うことを聞いてくれたら、あとで一緒に楽しいことをする時間ができるよ。庭に出て、ママのためにきれいな花を摘もう。赤と白と黄色の花束を作るんだ。蝶々もいるかもしれないよ。花束をあげたら、ママはきっと大喜びだよ」

「感受性の鋭い子ども」には、時間の概念を使って説明しよう。「今言うことを聞いてくれたら、あとで一緒に楽しいことをする時間ができるよ。放課後家に帰ったら、庭の花をママに摘もう。今はパパの言うことを聞いて。そうすれば、あとで庭で花を摘む時間ができるから」

　子どもの気性に合わせて褒美を説明すれば子どもを動かすことができる。伝えるべきは、今自分に時間をくれれば、あとでちゃんと時間をあげるということだ。

褒美の具体例

　次に、褒美の具体例を紹介しよう。これらの褒美を自分の子どもに提示する、最善の方法を考えてみて欲しい。子どもの気性を考慮するのだ。加えて、褒美が必要なのはどんなときか、自分の子どもに一番効果的なのはどんな褒美かも考えてみて欲しい。

褒美の示し方

・今言うことを聞いて玩具を片づけてくれたら、一緒にトランプをしましょう。

・玩具を片づけるのを手伝ってくれたら、一緒にトランプをする時間ができるわ。
・今お掃除をすれば、お絵かきができるわよ。
・今晩中に明日学校に着ていく服を選んでおけば、明日の朝はゆっくりワッフルが食べられるわよ。
・すぐに出かける支度をすれば、早く帰ってこられるわよ。
・あなたがおしゃべりをやめれば、一緒に犬の散歩に行けるんだけど。
・今言うことを聞いてくれたら、あとで一緒に楽しいことをしてあげる。
・今宿題をやってしまったら、あとで一緒にお茶の時間にしましょう。
・お野菜を全部食べたら、デザートをあげるわ。

子どもが反抗したら、何かを取り上げるのではなく、少しだけ余分に何かを与えよう。そうすれば、彼らは素直さを取り戻す。苦痛で押さえつけるのではなく、何かをもらえるという可能性で子どもたちを動かすのだ。

常に褒美を隠し持っておこう

褒美を最大限に生かすには、あなたの子どもをやる気にさせるものは何かを知らなくてはならない。一度それを見つけたなら、常にそれを隠し持っておくようにしよう。ある子どもには、「今言うことを聞いてくれたら、あとで本を読んであげる」と言うのが効果的かもしれない。別の子どもには、「今言うことを聞いてくれたら、あとで一緒にクッキーを焼きましょう」という言葉かもしれない。褒美を与える際の秘訣《ひけつ》は、子どもがもっとも望んでいるものに注目し、それを褒美として用いることだ。

準備のいい親は、子どもが反抗したときのために常に褒美を隠し持っている。次に、一般的な褒美の具体例を紹介しよう。自分の子どもに一番適切なものは何かを考えてみて欲しい。

いろいろな褒美

・あとで一緒に楽しいことをしよう。
・あとで自転車に乗っていいわよ。
・食卓に飾る花を摘もう。
・犬の散歩に行こう。
・一緒にココアを飲もう。
・キャッチボールをしよう。

・クッキーを焼きましょう。
・寝る前にお話を3つ読んであげる。
・一緒にデザートを食べよう。
・泳ぎに行こう。
・一緒に歌を歌おう。
・お友達を呼んでいいわよ。
・ドライブに行こう。
・お買い物に行こう。
・木登りをしよう。
・公園に遊びに行こう。
・一緒に絵を描《か》こう。
・お散歩に行こう。
・トランプをしよう。
・一緒にビデオを見よう。

時間の猶予を与えることも大切だ。特に感受性の鋭い子どもは、変化に対応するのに時間を要する。賢明な親は、先のことを見越し、子どもがその変化に順応するための時間を与える。「すぐに上着を着なさい」と言う代わりに、「あと5分で学校に行くわよ。それまでに上着を着ていてね。そうすれば、慌てないですむでしょう」と言うようにしよう。

一〇代の子どもたちへの褒美

褒美は、年齢に見合ったものでなくてはならない。一〇代の子どもたちはもはや親との時間をそれほど必要としない。代わりに、彼らには新しい要求が生じる。お金と親の支えだ。彼らがお金を使い始めるようになったら、お金も褒美として用いることができる。理想を言えば、あまり頻繁にお金を用いるのは望ましくない。しかしいざというときには、劇的な効果を発揮する。

一〇代の子どもが反抗したら、お小遣いやお駄賃を二倍にすることを提案してみよう。それが無理なら、車でどこかへ連れて行ったり、手伝い仕事を減らしたりしてもいい。

一部の親たちは、子どもの成績を上げるために褒美を用いている。もちろん、すべての子どもにこうしたモチベーションが必要なわけではない。成績の向上に報いるには、お金だけでなく、別の特権を用いることも可能だ。特権というのは、子どもが自力で信頼を得て自由を勝ち得たときに与えられるものだが、その信頼を得る手段として成績の向上を用いることができるのだ。たとえば、成績が上がったことで責任感があることを証明した子どもには、門限の時間を遅らせてもいいだろう。

褒美とはデザートのようなもの

褒美は、子どもが自らの素直な部分を取り戻すのに役立つ。褒美そのものが子どもを協調させるのではない。それは、子どもの中の自然な意欲を育む手段のひとつなのだ。褒美とはデザートのようなものだ。デザートばかり食べていたら、栄養が偏ってしまう。デザートが食後と決まっているのは、先に食べてしまうと食欲が失せ、食事を取ろうという意欲がなくなってしまうからだ。それと同じで、褒美に頼りすぎると、子どもは親に協調しようという意欲を失ってしまう。

子どもに、人生とは持ちつ持たれつであることを学ばせるのは重要なことだ。与えれば、得られるのだ。より多くを得るには、より多くを与えなくてはならない。あなたが子どもに協力を求め、その見返りを与えることで、彼らは人生の大切な教訓を学んでいく。取引をし、交渉する術を身につけていくのだ。彼らは、より多くを与えれば多くを得られること、将来的な大きな欲求のために眼前の欲求を保留することを学ぶのだ。

褒美に対する親の恐怖心

親は時に、褒美を与えることで子どもの中にある自然な素直さを殺してしまうのではないかと恐れる。彼らは、子どもに何かを頼むたびに褒美を与える自分を想像してしまう。子どもが、協力することに対してどんどん見返りを要求するのではないかと考えるのだ。こうした悪夢は、子どもが本当に必要としているものを与えられない場合に現実となる。

あなたが子どもに言うことを聞くように頼むと、健全な心は必ずこう思う。「代わりに何がもらえるかな?」。そして、必要なものを与えられれば、子どもはそれ以上を求めはしない。子どもはみな、生まれながらにして、自分に必要な愛情を得るために親と協調したいという気持ちを持っている。必要な支えを得られると信じている子どもは、自発的に親に協調するのだ。

子どもは、その瞬間必要としているものを得られないときに、その反発を乗り越えるために褒美を必要とする。褒美をあげるという約束によってより多くを得られると知った彼らは、即座に協調姿勢を取り戻す。取引をしたり、褒美を約束したりすることは、屈服することでも、子どもが欲しがるものを何でも与えるということでもない。それどころか、それとは正反対のことなのだ。褒美を与えるということは、あなたの願望に従うように子どもに頼み、その見返りとしてより多くを与えるということだ。これは、満足を先送りにすることを子どもに学ばせるための、もっとも強力な手段のひとつだ。

褒美を与えるだけでは、反抗を抑え、協調姿勢を引き出すには足りない場合もある。褒美を与えても効果がないときこそ、あなたが親としての指導力を行使するときだ。子育てが子ども中心で、子どもの欲求に振り回されるようになってきたら、親は主導権を発揮して手綱を引き締め直さねばならない。次に、それをどのように実行するかを説明しよう。

5　指導力を行使するためのテクニック

親が持つもっとも偉大な力、それは子どもを導く力である。子どもは生まれながらにして、親と協調し、親を喜ばせたいという欲求を持っている。自分より上の立場にいる親を、敬うようにできているのだ。この力を認識し、使用することで、親は罪悪感や恐怖心を基盤にした古い子育て法から脱却することができる。この力を使う術を理解していないと、子どもが主導権を握ることになる。親が、子どもを導くための力を行使している限り、子どもが主導権を握るということはない。

子どもに命令する

指示する前に、まず第1段階では、頼んでみよう。子どもがあなたの要望に逆らったら、第2段階として子どもの声に耳を傾ける。それでもだめだったら、第3段階として褒美を用いる。褒美でも効果がなかったら、第4段階は、あなたの指導力を行使して、命令を下すことだ。最初の3つの手段が効かないときには、親は軍隊を指揮する将軍さながらに、子どもに命令を与えなくてはならない。

命令の段階

第1段階　要望を伝える。頼む言い方をする。
第2段階　子どもの声に耳を傾ける。
第3段階　褒美を提案しつつ、要望を伝える。
第4段階　毅然《きぜん》と命令を下す。

命令とは、子どもに何をして欲しいのかを率直に告げることだ。命令は、断固とした穏やかな口調で告げる。たとえば、「服を片づけなさい」「寝る支度をしなさい」「おしゃべりをやめなさい」などだ。

一度命令口調を発したのなら、断固とした態度を貫かねばならない。理由を言ったり、説教や口論や叱責《しっせき》をしたりすると、あなたの権威は落ちてしまう。この時点で取り乱したり、子どもを説得したりしようとすると、あなたが指揮官としての役割に自信を持っていないことのサインになってしまうのだ。子どもが第1、第2、第3の手段に逆らったのなら、親は上の立場にいるのは誰なのかを明確に示さなくてはならない。指導力を行使することで、あなたは再び指揮官としての立場を確立できる。子どもは、強い指導者に譲歩することを学ばなくてはならない。

多くの親は、第1、第2、第3の段階を経ずにいきなり指示を下そうとする。これはうまくいかない。たしかに、いつも必ず最初の3つの段階を経なくてはならないというわけではない。だが、あまりにも頻繁に前段階を抜きに命令が下されると、それは効力を失う。かつては、子どもは親の命令に屈したものだが、現代の子どもたちは自分の言い分を聞いてもらうことを必要としているのだ。

命令に感情を持ち込まない

あなたが感情を荒立てなければ、命令を下す力は増大する。これを忘れなければ、平静さを保つ助けになるだろう。私たちが感情を荒立てるのは、心のどこかで、そうすることで強くなり、相手を威嚇できると考えているからだ。動物は戦いの際、相手を威嚇するために毛を逆立てる。前向きな子育てでは恐怖心を基盤にしていないので、威嚇は役に立たない。

子育て法の中には、子どもの気持ちを動かすために、自分の感情を子どもと共有することを親に奨励しているものがある。たとえ穏やかになされたとしても、感情を共有する行為は、親を子どもと同じレベルに引き下げてしまう。それは、親としての立場を徐々に危うくする。自分の感情を子どもにぶつけるのではなく、彼らが感情を表に出すのを助けてやるのが親の仕事である。

子どもが反抗しているとき、親は自分の感情を露《あらわ》にすべきではない。その代わり、子どもの心の声に耳を澄ますのだ。親が自分の怒りや苛立ちや失望を見せても逆効果なだけだ。子どもが反抗しているときには、彼らが何を感じ、何を求めているのかを把握すべきなのだ。子どもの言い分を聞き、親に協調したことに褒美を与えたあとこそ、親が優位に立ち、命令を下すときだ。まず親が子どもの反論や反抗に耳を傾ければ、命令は受け入れられるのだ。

怒鳴ることの無意味さ

コミュニケーションの最悪の手段のひとつが、怒鳴ることだ。私たちは、自分の声に耳が傾けられていないときに声を荒げる。子どもに怒鳴るということは、「あなたは私の話を聞いていない」というメッセージを送っていることになる。その結果、彼らははなから聞こうとしなくなる。そしていずれ、あなたが怒鳴るとさっさと背を向けるようになるだろう。

怒鳴って命令を下すのはさらに最悪だ。子どもは怒鳴られると、導かれたいという欲求を失ってしまう。怒鳴ることで、指揮官としてのあなたの立場は弱くなるのだ。簡潔なメッセージを何度も聞かされることによってのみ、子どもは反抗を断念し、指導者の導きに身をゆだねるのだ。

もちろん、命令を下している最中に、自制心を失って取り乱す場合も時にはある。前向きな子育て法のテクニックを身につけているなら、何から何まで完璧《かんぺき》にやり遂げなくても機能する。ただ、努力することが大事なのだ。自制心を失ったり、自分の感情を抑えられなくなったりしたときの解決策は、あとで謝ることだ。間違いを犯してもかまわないのだ。

あとで謝るのと謝らないのとでは大きな違いがある。たとえばこんな風に言うとよい。「怒鳴ってしまってごめんなさいね。何も怒鳴ることはなかったわよね。人に対して怒鳴るのはよくないわね。ママが間違っていたわ」

ほかにこんな謝り方もある。「怒ってしまってごめんなさいね。ママはただあなたに言うことを聞いて欲しかっただけで、あんなに怒るつもりはなかったの。ちょっといやなことがあってイライラしていたの。ママが怒っていたのはあなたのせいじゃないのよ」

肯定的な命令の仕方

言うまでもなく、命令は常に明確で肯定的な言葉で下すのが一番である。しかし、命令を下そうとする際、最初に口をついて出る言葉は往々にして否定的なものだ。そうなってしまったら、その後に肯定的な言葉で命令を補うようにしよう。以下にあげるのは、否定的な命令と肯定的な命令の例である。

■否定的な命令

妹をぶつのをやめなさい。

おしゃべりをやめなさい。

ふざけてないで、部屋を掃除しなさい。

そういう口のきき方はやめなさい。

トランプをやめて、歯を磨きなさい。

■肯定的な命令

妹に優しくしてあげなさい。

静かにしなさい。

すぐに部屋を掃除しなさい。

もっと丁寧な言葉遣いをしなさい。

今すぐ、歯を磨きなさい。

いつもの習慣で否定的な命令で口火を切ってしまったら、そのあとに肯定的なメッセージを付け加えるようにしよう。たとえば「弟をぶつのをやめて。親切にしてあげて」といった具合だ。一度肯定的な言葉を口にしたら、そこから逸れないようにしよう。子どもが反抗し続けるようなら、肯定的な命令を繰り返そう。

肯定的な命令の繰り返し方の例

親「服を片づけてくれる？」

子ども「いやだよ。僕疲れているんだ。明日やるよ」

親「あなたが疲れていて、明日にしたいのはわかるわ。でも、ママは今やって欲しいの」

子ども「でも疲れてるんだよ」

親「今片づけたら、お話を3つ読んであげるわよ」

子ども「別にいいよ。僕ただ寝たいんだ」

親「今やって欲しいの。今すぐ起き上がって、服を片づけて欲しいのよ。言い合いは終わりよ」

子ども「ママは意地悪だ」
親「今すぐ、服を片づけなさい」
子ども「ママなんか嫌いだ」
親「今すぐ、服を片づけなさい」
子ども「（服を片づけるために起き上がる）なんでそんなに意地悪なの」

このように、子どもは親の意志や願望に沿い始める。黙って、数分間子どもを放っておこう。それから、自分が怒っていないことを伝えるために明るい調子で、聞き分けてくれたことを感謝しよう。いかに苦労させられても、最終的には言うことを聞いた子どもをちゃんと認めてあげることが大切なのだ。

親の中には、命令を下すことで子どもから嫌われるのではないかと恐れている者もいる。子どもには、力強く、なおかつ愛情豊かな親が必要だ。命令を下して彼らを動かす親が必要なのだ。たとえ一時不満を抱いたとしても、彼らは必ずあなたのもとへ戻ってくる。

命令の説明をしない

親がよく犯す過ちに、説明で自分の命令を正当化するというものがある。子どもが文句をつけるのではなく質問してきた場合は、自分の意図を説明してもかまわない。だが、喧嘩腰で質問してきたのなら、あとでちゃんと説明してあげると告げよう。たとえば時間がない場合などにはこう言おう。

「それはあとで話しましょう。でも今は、すぐに弟をぶつのをやめなさい。ママはふたりに仲良くして欲しいのよ」

理由を説明するというのは、命令を断念するということだ。子どもが、何が正しくて何が間違っているのかを理解しているのなら、彼らにあなたは必要ない。善と悪の区別ができるのなら、あなたが彼らを導く必要はない。理屈が通る同等の相手になら、理屈は通用する。子供は、九歳ごろになるまで理論づけの能力が発達しない。そして彼らは、一八歳前後で家を出て自立するまであなたと同等にはならないのだ。

子どもは潜在的に善悪を判別する能力を持っている。だがその能力は、あなたの説教を聞くことではなく、要望に沿うことによって目覚める。息子に、弟をぶつのをやめるように頼み、「しなさい」という言い方で命令すれば、息子はそれに応えるだろう。言いつけに従ったことで親の顔に笑顔が浮かんだのを見て、子どもは善悪の判断基準を学んでいくのだ。

子どもは、あなたの説教を聞くことではなく、要望に沿うことによって、善悪の判断基準を学んでいく。

一度命令を下したら、規則や説教で命令を補足してはならない。親が命令を始めたら、交渉の余地はないのだ。子どもには、最初の3つの段階で質問や交渉をする権利が与えられている。だが、ひとたび命令が始まれば、交渉の時間は終わりだ。本筋から逸れ、なぜそうしなくてはいけないのかを子どもに説明すれば、あなたの力は弱まってしまう。この時点では、命令を繰り返すことが一番有効なテクニックだ。子どもにはまだ、反抗する権利はある。しかし、決定権はあなたにあるのだ。

一〇代の子どもへの命令

私は、命令の効力を初めて体験したときのことをよく覚えている。自ら子育てを始める以前から、私は崩壊家庭の子どもたちのためのワークショップを主宰していた。そこの子どもたちの多くは無軌道で反抗的だった。だからこそ親たちは、彼らを私のワークショップに入れたのだ。

あるとき、グループ最年長の一四歳の少年が、私の言うことにことごとく逆らった。私は、休止時間を与えるために、隣の部屋に行くように彼に命じた。彼は反発してこう言った。

「いったい何をするつもりなんだよ?」

当時の私は前向きな子育て法を習得してはいなかったが、罰による脅しは無駄であることには気づいていた。こちらを睨《にら》む彼の目を見て、私が何を言おうと「だから何だよ」で応酬されることはわかりきっていた。

それまでの人生で、十分すぎるほどの罰を与えられてきていた彼には、新たな罰など何の意味もなかった。彼は、自暴自棄で挑発的だった。それに、体も私よりずっと大きかった。正直ほかになす術を思いつかなかった私は、彼の目をじっと見つめ、断固とした調子で指示を繰り返した。「15分間、ひとりでいなさい」。私たちの会話は次のようなものだった。

断固とした態度で指示する例

少年「もしその通りにしなかったらどうするんだよ？」
私「隣の部屋に行って、15分間、ひとりでいなさい」
少年「やれるもんならやってみろよ」
私「隣の部屋に行って、15分間、ひとりでいなさい」
少年「腰抜けめ。やれるもんならやってみろって言ってんだよ」
私「隣の部屋に行って、15分間、ひとりでいなさい」
少年「言う通りにしなかったら、どうするつもりなんだよ」

私「隣の部屋に行って、15分間、ひとりでいなさい」

彼はうんざりした表情で隣の部屋に入っていった。

およそ15分後、私は隣の部屋に行き、明るい調子で話しかけた。「こっちに戻りたければ、いつでもおいで。もっと時間が必要ならそれでもかまわないよ」

彼は、考え込むように黙って頷《うなず》いた。私はそっと部屋を出た。数分後、彼は部屋から出て来て、再びグループに加わった。この経験は、その後私が遭遇した自分の娘たちの反抗に対処するのに非常に役立ってくれた。

私が彼の言葉に反応していたら、私の立場が弱くなったことはおわかりだろう。端的に言えば、子どもは誰でも自立して家を出るまで、親の指導力を必要としているのだ。

この種の口論は、親が自分の主張の正当性を子どもに納得させようとしなければ避けることができる。子どもが素直にあなたの考えを受け入れる状態にあるのなら話は別だが、反抗している子どもはあなたの考えが正しかろうとおかまいなしに反抗を続けるのだ。

効果的な命令の出し方

次にあげるのは、母親が前向きな子育て法を用いて口論を避ける場合の例である。

第1段階 頼む（命令はしない）

母親「キャロル、テレビを消してちょうだい」
キャロル「どうして。面白い映画を見てるのに」
母親「何の映画？」
キャロル「『シャーロック・ホームズ』よ」
母親「ああ、ホームズは面白いわよね。でもね、ママはテレビを消して欲しいの。最近あなたテレビの見すぎよ。ほかのこともして欲しいのよ」
キャロル「たとえば？」
母親「宿題をしたり、外で遊んだり」
キャロル「そんなことしたくないもの。もう、せっかくテレビ見てるんだから邪魔しないでよ」

第2段階　耳を傾け理解を示す（説教はしない）

母親「あなたがテレビを見たいのはわかるわ。宿題もやりたくないし、外にも行きたくないのね。でもママは、あなたにテレビを消して、何か別のことをして欲しい」
キャロル「いやだったら」
母親「気持ちはわかるけど、たまにはほかのこともしなさい」
キャロル「でも、今いいところなのに」
母親「また再放送するわよ」
キャロル「しないわよ」

第3段階　褒美

母親「今テレビを消せば、明日レンタルビデオ屋さんに連れて行ってあげるわ」
キャロル「レンタルビデオなんて興味ないわ。今この番組を見たいの」

第4段階　命令

母親「今すぐテレビを消しなさい」
キャロル「だってほかにしたいことなんてないんだもの」
母親「今すぐテレビを消しなさい」

キャロルは立ち上がってテレビを消す。そして荒々しく部屋を出て行く。およそ15分後、彼女は何事もなかったかのように戻ってきて、トランプをしようと母親を誘う。母親は喜んで賛成する。先ほどの諍《いさか》いについてはふたりとも触れようとしない。すべて忘れられ、許されているのだ。

協調を引き出す

この4段階を長期的に用いれば、そのうちあなたが頼むだけで、子どもはたいていの場合協力的になるだろう。それには、この4段階を根気よく何度も用いなければならない。この4つの段階は、子どもの協調姿勢を増大させるだけでなく、子どもの最善の姿を育むのだ。親になるということは、試練の荒波にもまれるということだ。私たちはその波を乗りこなしたり、飲み込まれたりする。子どもに命令するのは、甘い親にとってはいくぶん大変なことかもしれない。だがこれは、脅したり辱めたりして子どもを服従させるより、ずっと前向きで明確な方法なのだ。

6　コントロールを維持するためのテクニック

子どもが親のコントロールを拒絶した場合、前向きな子育て法では、その悪い行動を正そうとするのではなく、単にその子どもが親のコントロールを外れただけだととらえる。この場合、子どもを非難したり、罰したり、説教したりする代わりに、ただ子どもをコントロール下に戻せばよいのだ。子どもが反抗した場合、親はその反抗を抑えなくてはならない。

休止時間は、決して子どもを脅したり罰したりすることを目的としているのではない。子どもに、自分は再び親のコントロール下にあり、そのほうが好ましいのだと実感させるためのものだ。子どもは、自分の行動がどこまで許されるかを知るために時折反乱を起こす必要があるのだ。

休止時間の必要性

協調を築く新しいテクニックを用いれば、親は自制心を保つことができ、それは自ずと、子どもをコントロールするのに役に立つ。子どもは必ず定期的に暴走するものであり、前向きな親はそれに落ち着いて対処できる。ほとんどすべての子どもが、自分の感情が手に負えなくなりそうなときに、自制心を取り戻すための休止時間を必要とする。

立派な大人ですら、感情がストレスにさらされるとその対応に窮する。それを子どもに期待するのは無理というものだ。親が憤りや不安や失望や虚無感や批判や混乱や罪悪感に陥った場合、そうしたマイナス感情を処理するには自らの内面に目をやるしかない。

西洋社会に家庭内暴力が多い理由のひとつは、感情のコントロールの欠如である。自由社会では必然的に、感情は支えを得れば豊かになり、支えを得られないと不安定になる。人間関係の衝突を解決し、あらゆる暴力を終わらせるためにはまず、荒々しい感情が起こったときに、休止時間を取って頭を冷やさなくてはならない。

子どもが指示に従おうとしないときこそ、休止時間を用いよう。この場合、子どもにとって休止時間は荒れ狂う感情をぶちまけるチャンスである。子どもは、反抗心を限界まで感じる必要がある。彼らはその限界を押し上げることで、強い自我を育んでいくのだ。最終的には、あらゆるプラスの性質が表に出てくるようになる。そのためにも、まず最初に反抗心の下にあるマイナス感情を感じ、発散しなくてはならないのだ。

マイナス感情を解き放つ

子どもが反抗心にとらわれ、命令の４つの段階に反応しないときには、５つ目の段階として休止時間が必要となる。部屋にこもって「休止時間」を持つことで、子どもは自分の感情の深いレベルを認識することができるようになる。怒りと悲しみと恐れという3つの深い感情レベルを実感することで、マイナス感情が自動的に解き放たれるのだ。

「休止時間」を与えられることで、子どもはまず怒りと不満を感じることができる。しばらくすると、子どもは悲しみや痛みを感じて泣きだす。ほどなくして、自らの心の奥底に潜む恐れや脆《もろ》さを感じる。すると、感情の荒波は消え去り、子どもは再びあなたのコントロール下に戻るだろう。

休止時間を説明する

子どもが、休止時間を取らねばならない理由を尋ねてきたら、簡潔にこう答えよう。「自制心をなくした人には、休止時間が必要なのよ」。自分の行動の何が悪かったのかを考える時間だと説明しても何の役にも立たない。休止時間の間に物事を考える必要はない。ただ、浮かび上がってきた感情を感じ、自制心を取り戻せばいいのだ。

理想的な休止時間

理想的な休止時間は、親が子どもを部屋に入れ、扉を閉めたときに達成される。子どもはそこから出ようとして反発する。反抗してしかるべきなのだ。鍵を閉めた部屋に取り残された子どもは、うち捨てられたような気持ちを味わう。何度もこれを重ねていくうちに、彼らは次第に部屋から出ようと試みないようになる。

休止時間に必要な時間は、子どもの年の数一歳につき1分である。つまり、四歳の子どもには4分、六歳の子どもには6分必要だ。初めてこの方法を聞く親の大半は、自分の子どもに効果があるだろうかといぶかしむ。だが、二歳以上の子どもになら必ず効果はある。

一四歳以上の子どもには、休止時間はめったに必要ない。だが、幼いときから休止時間を頻繁に与えて育てなかった場合には、一〇代になってからも必要である。特に、あなたの命令に耳を貸そうとしないときなどは必須だ。

理想的な休止時間が、四歳の子どもにどう作用するかを見てみよう。最初、子どもは抵抗し、場合によっては、親は子どもを抱いて部屋まで連れて行かねばならない。部屋は子ども部屋でもどこでもかまわない。最初のうち、子どもは怒って癇癪を爆発させ、何とか部屋から出ようとする。およそ2分後、子どもは部屋を出ようとするのをやめ、限界を感じて泣き始める。それから1分後、子どもは恐れを感じて、心細くなる。この時点で、子どもは小さな指を扉の下に差し込んで、こう言うかもしれない。「お願い、出して」

この時点で、子どもにあと1分たったら出してあげると告げてもいいだろう。休止時間の間、いつでも残りの時間を告げてかまわない。自分はどこにも行かないこと、扉の向こう側にいること、すぐに出してあげるということを繰り返し言って聞かせるのもいいだろう。

親が犯す4つの過ち

多くの親が、休止時間の効き目のなさをこぼしている。休止時間は、正しく用いなければ機能しない。親がよく犯す4つの過ちは次の通りである。

4つの過った休止時間の使い方

1 休止時間だけを使う。
2 休止時間を十分に使わない。
3 子どもをじっと座らせようとする。
4 罰や脅しとして休止時間を使う。

休止時間を正しく用いれば、子どもは再びあなたのコントロールの中に戻ってくる。4つの過ちを、ひとつずつ見ていこう。

❶ 休止時間だけを使う

休止時間だけを与えて、ほかの前向きな子育て法のテクニックを用いないと、休止時間の効果はどんどん薄れていく。休止時間は、基本的に4つの段階を経たあとの最後の手段として用いるものだ。単独で使うのは、どうしても時間がないときだけに限らなくてはいけない。

人の体はビタミンCを必要とするが、それ以外にもさまざまなものが必要である。ビタミンCだけでは、健康は保てない。ビタミンCが不足している体にそれを与えると、大きな効果がある。ほかのビタミンも足りているなら、健康状態は大幅に向上するだろう。ビタミンCだけを摂取して、ほかに必要なものを無視すれば、健康は保てない。これと同様に、5つの段階は子どもの協調を引き出すうえでひとつひとつすべてが重要なのである。

❷ 休止時間を十分に使わない

休止時間に頼りすぎる親がいる一方で、休止時間を十分に使わない親もいる。彼らは、子どもが自分の言いつけに耳を貸そうとしないとこぼす。ある母親はこう言っていた。「私がベッドで跳びはねるのをやめなさいと言っても、息子はただ笑うだけで、跳びはね続けるんです」

この母親は明らかに、十分に休止時間を活用していない。休止時間は、親にコントロール権を与える。子どもが笑ってあなたを無視するようなら、この子どもは明らかにあなたのコントロールから外れており、休止時間が必要なのだ。この母親は息子を抱えてでも別の部屋に連れて行き、休止時間を取らせなくてはならない。

甘い親は概して、休止時間を用いる頻度が足りない。彼らは自分に協調することを命じる代わりに、子どもに屈服してしまう傾向にある。子どもが泣き叫ぶのに耐えられない彼らは、子どもをなだめようとしてしまうのだ。

彼らの子どもは得てして、休止時間に激しく抵抗する。子どもが我がままになったり、威張ったりしたら、それは親が適正な回数の休止時間を用いてコントロールを維持していないことの証《あかし》なのだ。

❸ 子どもをじっと座らせようとする

一部の親たちは、休止時間の目的をまるっきり勘違いしている。子どもをじっと座らせて、頭を冷やさせようとするのだ。彼らは休止時間を、子どもがマイナス感情を感じ、発散させる場としてではなく、子どもが取り乱すのを抑制する場として使おうとする。彼らはよくこんな風に言う。「そうやってずっと反抗し続ける限り、休止時間にはならないわよ」

休止時間は、子どもによりいっそう抵抗する機会を与えることで機能する。抵抗をやめ、静かに座っていることを子どもに望んだ時点で、それは休止時間ではないのだ。子どもに頭を冷やす時間を与えることに何ら問題はない。子どもが興奮して手がつけられなくなったら、部屋の隅や椅子《いす》に座らせて頭を冷やさせるのはかまわない。これは、ぐずる子どもに昼寝をさせるのと同じことである。

頭を冷やす時間と休止時間は別物だ。頭を冷やす時間では、子どもはおとなしくするように言われ、気分を落ち着かせたことに対して褒美をもらったりする。頭を冷やす時間は、子どもに自分の感情を探らせるためのものではない。マイナス感情を制御する術を学ぶ第1段階は、それを感じ、発散することだ。大きくなるにつれ（九歳前後）、子どもは休止時間がなくても自分の感情を感じ、発散することができるようになる。

口の達者な一〇代の子どもには「部屋で少し頭を冷やしてらっしゃい。それから話し合いましょう」と言うのも一案だ。すべての一〇代の子どもには、この頭を冷やす時間が必要なのではないか。これは休止時間と似ているが、同じではない。子どもを別の活動に導いて、反抗を和らげるためのものなのだ。

反抗している一〇代の子どもに親が命令し、それでもまだ反抗が続くようなら、休止時間の出番だ。こうしたとき、親は子どもの反抗を責めないように注意しながら、子どもが自分の部屋に行くまで何度も命令を繰り返さなくてはならない。休止時間が終わって部屋から出てきた子どもは、別人のようになっているはずだ。

❹ 罰や脅しとして休止時間を使う

4番目の過ちは、休止時間を罰や脅しとして用いることだ。たとえ子どもが休止時間によって罰せられたと感じたとしても、親のほうは休止時間を罰として用いないように注意しなくてはならない。先にも述べたように、恐怖心を基盤にした子育て法は、罰で脅して子どもの悪い行いを防止しようとする。その気になれば、休止時間を脅しに使って子どもをコントロールするのは容易なのだ。

意志を調整することと屈服すること

子どもが望むものを与えるために、親が自分の意志を調整するのはたいした罪ではない。子どもはそこから、親が自分の言葉に耳を傾けていることを感じ、健全な尊重と柔軟性を学ぶ。だが、衝突を避けるために意志を調整する場合、それは妥協になる。子どもの要求に屈するのは健全ではない。

十分な休止時間を与えられないと、子どもはより激しい癇癪を起こすようになる。定期的に休止時間を与えられると、子どもは心のバランスを取り戻し、素直になる。あなたが子どもに屈服し、甘やかしてきたのなら、休止時間の回数を増やすことでそれを改善できる。

時がたつと、あなたは、ただ子どもを思い切り泣かせてあげればよいときというのを感じ分けられるようになるだろう。泣くことは、ストレスを発散するためのもっとも効果的な手段のひとつだ。私たち大人にとってはたいしたことがないように思えることでも、子どもにとっては大きな失望や喪失なのだ。また、子どもは世の中の限界を受け入れる手段としても、泣いたり嘆いたりする。

時に子どもは、気分を晴らすために泣く必要があるのだ。

親によっては、子どもが泣くのを見て自分のせいだと勘違いしてしまう。前向きな子育て法を習得していないと、彼らは自分が厳しすぎたのだと思い込む。こうした親に限って、いざというときには子どもを折檻《せっかん》したり、怒鳴ったり、罰したりするのだ。

ほんの数分の休止時間が、表面下に鬱積《うっせき》した感情を表に出すのに非常に役立つ。苦痛を発散するためには、まずそれを感じなくてはならない。子どもがいくら休止時間をいやがっても、彼らは泣いて心のバランスを取り戻さなくてはならないのだ。

休止時間を与える3回のチャンス

休止時間を与えると脅したら、あなたは休止時間を罰として用いていることになる。親は、休止時間を与えると脅してはならない。休止時間を与えるのに最善なときは、子どもがあなたの命令に反応するチャンスを得たあとである。何度か命令を繰り返したあとに、子どもがまだ抵抗するようなら、休止時間が必要ということになる。休止時間は罰ではなく、子どもに必要だから与えるものだ。子どもがそれを罰と受け取ろうと、あなたがそのつもりで用いなければ、罰ではないのだ。

子どもが九歳を超えると、状況は変わる。子どもは自分の感情を受け入れられるようになり、それほどたくさんの休止時間を必要としない。彼らは自分の感情を感じ、それを発散させる術を身につけている。

子どもが反抗してあなたの命令に応えようとしない場合、子どもに自制心を取り戻すチャンスを3回まであげよう。言うことを聞かない子どもに「チャンス1」と言い、その時点で素直さを取り戻したら、休止時間は必要ない。数分後にもまだ反抗しているようなら、「チャンス2」と言おう。素直になるチャンスは残り1回だ。数分たってもまだ反抗を続けているなら、「チャンス3」と言い、休止時間を取らせよう。

休止時間が効かないとき

私のセミナーで、よくこうこぼす親たちがいる。

「うちの一〇代の息子には、休止時間は効きません。ただ鼻で笑って、どこかへ行ってしまうんです」

この場合、親はいきなり休止時間を与えようとするのではなく、最初の4つの段階を踏まなくてはならない。休止時間は、最初の4つのテクニックとともに用いられて初めて機能するのだ。

休止時間は、子どもに反抗する機会を作ってあげることで効果を発揮する。子どもたちの中には、休止時間に抵抗を示さない者もいる。彼らは親といるよりも、ひとりでいるほうを好むのだ。こうした子どもたちは、親に導かれたいという欲求から自らを切り離してしまっている。彼らは、ひとりでいるのを好むことで反抗を示しているのだ。こうした場合、ゲームやステレオや電話などで時間をつぶすことができない部屋に子どもを送り込むようにしよう。

Children Are From Heaven

第3章

子どもの個性を尊重する

1　人と違ってもかまわない

子どもはみな、特別で個性的な存在だ。それぞれに特別な才能があり、独自の試練に出合う。その試練を乗り越えるために必要とするものもそれぞれ異なる。親としての私たちの仕事は、そうした違いを受け入れてあげることだ。そのためには、子どもが何を必要としているかを認識し、それを満たしてあげなくてはならない。

こうした前向きな姿勢が欠如していると、「うちの子はどこかおかしい。直さなくちゃ」と考えるようになる。これは、親が犯しうる最悪の過ちのひとつである。子どもには、自分には何の問題もなく、人と違う部分があってもかまわないのだという明確なメッセージが必要なのだ。

性別による違い

性別による違いは、思春期になると顕著に表れる。しかし、生まれたその日から、男の子は男の子で、女の子は女の子だ。性別に関係なく、男性的な部分と女性的な部分のバランスは子どもによってひとりひとり違う。親がそれを認めることが重要なのだ。

母親というのは得てして、娘にとって何が最善かを直感的に知っている。しかし、息子に対してはそうはいかない。反対に、父親は息子にとって何が最善かを直感的に知っているが、娘に対してはそうはいかない。

そうした違いをわかっていないと、他人も自分と同じような行動を取ると思い込んでしまう。違いを認識していれば、自分の思った通りに反応しないからといって他人のことを変だと決めつけたりせずにいられるのである。

●すべての子どもは信頼と気遣いを必要とする。

概して男の子は、女の子にとってはさほど重要ではないことを必要とする。同様に、女の子は男の子にとっては重要ではないことを必要とする。もちろん、一番大切なのは愛情だ。しかし、愛情の示し方にはさまざまある。親は主に、気遣いと信頼で愛情を表現する。

気遣いとは、子どものそばにいてあげようとする気持ち、子どもを理解しようとする気持ち、子どもの幸福を願う気持ち、そして子どもの苦痛を我がことのように思う気持ちである。気遣いとは、子どもに面と向かって示す愛情だ。

信頼とは、すべてが順調であると認めることだ。子どもが自らの過ちから学んでいくこと、たとえそう見えないときでも、子どもが常に全力を尽くしていることを信じる心だ。それによって、子どもにはのびのびと振る舞う自由と空間が与えられる。

すべての子どもは気遣いと信頼を必要とするが、その形はさまざまである。九歳になるまで、子どもは信頼よりも気遣いを必要とする。九歳を過ぎると、子どもはひとりでに親離れし、自立していく。

子どもは九歳前後から、親から独立した自我を育《はぐく》んでいく。この時期から一八歳になるまで、子どもは信頼をいっそう必要とするようになる。

年齢に関係なく、男の子は信頼のほうを、女の子は気遣いのほうをより必要とする。男の子は、自分で何かをやり遂げることに満足感を覚える。自分を評価されると、自信と誇りを深める。たとえば男の子は、靴を履く際に母親の手助けを拒絶したりする。そうすることで、自らに対する責任を引き受けようとするのだ。

母親が過剰に息子の世話を焼きすぎると、息子は「お母さんは僕のことを信頼していない」と感じるようになる。父親が娘を信頼しすぎて手を貸さないと、娘は気遣いが足りないと感じる。自由な空間を与えられすぎると、女の子は親から見捨てられたように感じ、傷つく。だが男の子のほうは、親が自分の能力を信頼し、認めていると感じることで強くなっていくのだ。

母親は往々にして、過保護によって息子をひ弱にしてしまう。一方父親は、娘のことを信頼しすぎて、娘が必要としている気遣いや関心をないがしろにしてしまう。男の子は自分に向けられる信頼を基盤にして、女の子は自分に向けられる気遣いや関心を基盤にして前向きな自我を育むのだ。

●信頼と気遣いを持続する。

女性にとって最大の試練は、傷ついたあとにもう一度人を信頼することだ。そして男性にとっての試練は、ずっと気遣いを持続させることだ。異性関係で行き詰まった女性はよく「私が本当に必要としているものが得られない」とこぼす（これは、「私が本当に必要としているものを彼が与えてくれない」という意味だ）。男性のほうは、「僕が何をしても彼女は満足しないんだから、もうどうでもいい」と口にする。女性は「彼はもう私のことなんてどうでもいいんだわ」と言い、男性は「彼女を満足させるなんて不可能だから、もう努力するのはやめた」と言う。

こうした傾向は、幼児期から始まっている。女の子も男の子も、生まれたときは同じように、信頼する心と気遣う心を持っている。成長するに伴い、欲求や要求が満たされない痛みを経験すると、それに応じて男の子は気遣う心を、女の子は信じる心を失っていく。

女の子は、親がそばにいて、自分の気持ちや願望や要求を理解してくれる環境を必要とする。支えを求めて親に頼ることで安心感を得るのだ。苦しんでいるとき、女の子は気遣ってくれる親がそばにいてくれることを確信できなくてはならない。気遣いを与えられれば、信じる心を持ち続け、心を閉ざさずにいられる。親を信じていられる女の子は、幸せで満ち足りている。女の子が才能を開花させるには、安心感が不可欠なのだ。

必要としているものを得られないと、時に女の子は女性的な脆《もろ》さを自ら抑圧し、男の子のように自由な空間や信頼や承認や敬意を必要とするようになる。この女の子にとって、気遣いを求めてそれを得られないことは耐えがたい苦痛である。そこで彼女は自分の女性的な側面を否定するのだ。

男の子をやる気にさせるには、達成感と褒美が必要だ。彼らは、自分が親を喜ばせているという明確なメッセージを受け取る必要がある。うまく親を喜ばせることができれば、彼はその気になる。さもなくば、自信を失い気遣いをしなくなる。正しい行いに褒美を与えることは、彼がうまくやっているという証《あかし》になるのだ。

親の手助けを、女の子は自分が愛されている証と受け取るのに対して、男の子は侮辱ととらえる。自分が信頼されていない証拠だと思うのだ。時に男の子に対してあなたができる最大の気遣いは、彼が自由に振る舞える空間を与えてあげることだったりする。たとえ失敗しても、彼がそこから教訓を得ることを信じるのだ。そして、失敗した息子にこう言うのだけはやめて欲しい。「だから言ったじゃないの」

もちろん、女の子も信頼され、受け入れられ、尊重されている実感を必要とするが、男の子がやる気になるには何倍もそれを必要とするのだ。男の子は、ありのままの姿を認められたときに能力を発揮する。絶大な信頼は、男の子に自信を与える。男の子をやる気にさせる「燃料」は、評価だ。自分の行動が認められていると感じると、男の子のやる気は掻《か》き立てられる。成功ほど有効な原動力はないのだ。

●男の子と女の子の違い

多くの研究で、同性愛者の男性や知能の高い男性や左利きの男性は、一般的な男性とはかけ離れた脳を持っていることが示されている。彼らの脳は、大半の女性の脳と同様に、ふたつの脳半球をつなぐ神経が普通より何十億本も多いのだ。一部の男の子が人一倍繊細である原因は、ホルモンの違いに加えてこうした脳の構造の違いがあると思われる。だが女性的な傾向が強いとは言っても、彼らは男の子であり、信頼と評価と信用を必要とする点は変わらない。

男の子と女の子の異なる点をいくつかあげてみよう。

■男の子

男の子は、自力で成し遂げたことに対して、愛情や関心や承認を必要とする。

男の子は、自分の行動を褒められることを望む。

男の子は、やる気を鼓舞されることを必要とする。

男の子が他人に気遣いを見せる原動力となるのは、主に信頼と評価と信用である。

■女の子

女の子は、自分の気持ちや欲求に対して、愛情や関心や承認を必要とする。

女の子は、自分の人となりを褒められることを望む。

女の子は親の手助けや保証を必要とする。

女の子が他人を信頼するには、主に気遣いと理解と敬意が必要である。

男の子あるいは男性は、自分が必要とされており、相手の力になれると感じたときに満足感を覚える。自分は必要とされていない、あるいは眼前の課題を達成するには力不足だと感じたとき、ひどく落ち込む。

女の子あるいは女性は、必要としている助けを得られると感じたときに幸福を感じる。必要な助けを得られず、自力でやらなくてはならないと感じたときにはひどく落ち込む。

父親が犯す過ち「解決屋」

世間の父親が犯す過ちのなかで一番多いのが、気が立っていて反抗心を表に出す必要のある子どもに対して、共感ではなく解決策を示すことだ。男性というのは問題を解決することが大好きであり、すぐに「解決屋」になりたがる。父親は往々にして、子どもが望んでいるのは気が立っている理由を理解してもらうことであり、解決策を提示してもらうことではないということを忘れてしまう。いつも解決策ばかりを与えられていたら、子どもはだんだん自分の心の内を親と分かち合おうとしなくなる。

父親は、解決策を提示することで子どもが抱えている問題そのものを無視してしまう傾向にある。そうされることで子どもがいかに傷ついているかまったく気づかないのだ。以前私の娘は、ある友達に算数の宿題を手伝ってもらうことが苦手な理由をこう説明した。「私がわからない問題があると、あの子はいつも『簡単じゃないか』って言うの。何だか私、自分がすごくバカなような気になっちゃうの」

親が子どもの反抗の声に耳を傾けようとしないと、子どもは親の意図を誤解する。親が簡単に答えを出してしまうと、子どもは安心感を得るどころか、自分の情けなさを見せつけられたような気分になる。親が安易に解決策を出さなければ、子どもは自分が信頼され、気遣われていると感じることができるのだ。

以下にあげるのは、子どもの傷つきやすい気持ちをないがしろにする言葉である。

父親が言いがちな子どもを傷つける言葉

心配するな。
たいしたことじゃない。
だから何なんだ?
そんなに大変なことじゃない。

そう悪いものでもない。
よくあることさ。
バカバカしい。
いいからやれ。
何を言いたいのかよくわからない。
大丈夫さ。
何とかしろ。
パパにどうして欲しいんだ?

自分が子どもの気持ちをいかにないがしろにしているかを認識すれば、父親はより効果的に息子や娘の力になってあげることができる。子どもの問題を解決してあげてもかまわない。しかしそれは、子どもがそう望んでいる場合だけだ。たいていの場合、子どもの気持ちを開かせるには、黙って耳を傾け、あまり言葉を挟まないことだ。子どもの問題を解決しようとするのをやめれば、あなたも子どもも楽になるのだ。

母親が犯す過ち「向上癖」

母親が犯す過ちのなかでもっとも一般的なのが、子どもが悪いことをしたり、助けを必要としているように見えるときに、余計な助言をすることだ。女性は、物事を向上させることが大好きだ。男性は向上を嫌うわけではないが、どちらかというと「壊れたときに修繕はするが、それ以外のときは放っておく」という姿勢だ。

女性は男性を愛すると、その「向上癖」を相手に集中させる。男性はしばしば、女性のそうした余計な助言を拒絶する。母親になると、女性の「向上癖」は子どもに注がれる。

母親が過保護だと、子どもが必要としている信頼がもたらされない。特に男の子にとって、過剰に心配したり、行動を正したり、助言をしたりする母親の行為は有害だ。そこで、子どもに注意をする際には、正しい行いを3つ見つけて褒めるようにしよう。3回褒めて、1回注意するくらいがちょうどよいバランスだ。

子どもに注意をする際には、まず正しい行いを3つ見つけて褒めることが必要だ。

子どもの行動を直接的に注意するよりも好ましいのは、正しい行動に導いてあげることだ。「妹に優しくしなきゃだめよ」ではなく「妹に優しくしてちょうだい。ふたりが仲良くしてくれると嬉《うれ》しいわ」と言えばよいのだ。

こうすることで、あなたは子どもの過ちではなく、正しい行いの方に集中することになる。あなたが何を望んでいるかを伝えれば、子どもの反抗は和らぐ。そうすれば、子どもはあなたの説明にも耳を傾けるようになるだろう。いくつか例をあげよう。

■反発を生む注意の仕方

お皿を出しっぱなしよ。

家の中で大声を出すんじゃありません。

まだお部屋を片づけてないのね。

靴紐《くつひも》が結べていないわよ。

■正しい行動を導く言い方

お皿を流しまで運んでちょうだい。

おうちの中では静かに話してね。

お部屋を掃除してちょうだい。

靴紐をちゃんと結んでちょうだい。

もう30分も待ったのよ。どうして連絡のひとつもしないの。だらしなくしてるから、何でも忘れるのよ。

遅れるんだったら、連絡をくれる？　30分も待ったのよ。ちゃんと整理整頓《せいとん》をすれば、忘れ物もしなくなるわよ。

母親が注意をしたり、余計な助言を与えたりすると、子どもは自信を失う。こうした子どもは、親の気遣いは感じても、信頼は感じない。大人になってからも、母親から愛されていることは感じていても、危険を冒すことに対する恐怖心は克服できない。

適切な助言

だからといって、助言が悪いというわけではない。子どもが明らかに助言を求めている場合には、適切な助言は非常に有効だ。問題なのは、母親が過剰に助言をしすぎ、その結果子どもが耳を貸さなくなる事態だ。ことに子どもが反抗しているときに助言を与えようとするのは逆効果だ。その子は、本当に必要なときにも助言を求めようとしなくなるだろう。助言は、子どもがそれを求めているときには有効だ。あなたが無理に助言を押しつけようとしなければ、子どもは成長するにつれていっそうあなたに助言を求めるようになる。

男の子は、女の子よりも自力で問題を解決することにこだわる。父親や母親が余計な助言をすれば、彼は悩みを相談しなくなり、質問もしなくなる。挙句の果てには、話を聞こうともしなくなるだろう。

●男の子は忘れ、女の子は覚えている。

男の子と女の子で大きく異なるのは、男の子は忘れ、女の子は覚えているという点だ。よく母親は、自分が頼んだことを息子がすぐ忘れてしまうことに苛立《いらだ》ちを覚える。父親は父親で、どうでもよいように思えることに娘がいつまでもこだわることに苛立ちを覚える。

男性は、ひとつの重要なことに集中することでストレスに対処する。ストレスが大きければ大きいほど、彼らは眼前の課題に集中し、ほかのことに気が回らなくなる。仕事に没頭できる彼らは、すぐに誕生日や記念日などを忘れてしまうのだ。

女性はよくこの違いを理解せずに、男性の忘れっぽさを誠意のなさと誤解する。女性の場合、ストレスがかかるほど記憶力が冴《さ》える。女性にとっては、ストレスがかかった状態で重要な事柄や責任を忘れることのほうが困難だ。ストレスの多い一日を終えた女性がそのことについて語りたがるのに比べて、男性はすべてを忘れてテレビや新聞を見ようとする理由はここにある。

この基本的な違いが、男女間の誤解が数多く生まれる原因になっている。この違いを理解することで、異性関係が円滑に運ぶだけでなく、子どもをよりよく理解し、支えてあげることができるようになる。

女の子が不満を言う場合、その大半は、ただ記憶を辿《たど》って話をしたいだけだ。それを理解すれば、父親は、話の要点だけを聞いて解決策を与えればよいわけではないことがわかるだろう。女の子には、時間と配慮、そして一言一言に耳を傾けてもらうことが必要なのだ。誠心誠意話を聞いてもらえば、女の子は満足する。

小さな息子が自分の言いつけを忘れると、母親は彼が話を聞いていなかったのだと考える。たいていの場合、彼は話を聞いている。だが忘れてしまうのだ。男の子はストレスを感じると、そのメッセージを遮断してしまう。母親の小言や要求がストレスのメッセージになると、彼はそれを忘れようとするのだ。

子どもの気持ちは変化する

すでに述べたように、子どもは基本的に４つの気性に分けられる。

子どもの4つの気性と特徴

1 繊細な子どもは心の奥底から物事を感じ、真面目《まじめ》である。
2 活発な子どもは意志が強く、敢《あ》えて危険を冒し、注目を集めるのが好きである。
3 敏感な子どもは聡明《そうめい》で明るく、刺激を求めて、あちこち飛び回る。
4 感受性の鋭い子どもは行儀がよく、素直である。指示にはよく従うが、変化を嫌う。

大半の子どもは4つの気性をそれぞれ少しずつ持ち合わせているが、なかでも優勢なものがひとつかふたつあるはずだ。4つの気性がそれぞれどう違うのかを理解すれば、親は自分の子どもが主にどれに属するのかを把握し、子どもが何を求めているのかを知ることができる。

子どもの気性が親と違う場合、親が4つの気性を把握していない限り、その子どもを育てるのは非常に骨が折れることになる。親がこの単純な違いを理解していないばかりに、子どもが不必要に傷ついたりもするのだ。

気性の変化

親が気性の違いを受け入れる術《すべ》を学べば、子どもは自然と変わっていく。なかには、最初は4つすべてを少しずつ持ち合わせていて、その後ひとつひとつを順番に通過していく子どももいる。ひとつの気性が大切に育まれると、それは次第に変化するのだ。起こりうる変遷の様子をいくつか紹介しよう。

4つの気性と変化

真面目で、心の奥底から物事を感じる繊細な子どもは、自分らしさを増すにつれ徐々に明るくなる。そして、敏感さを増していく。真面目な子どもは、自分の言い分に耳を傾けてくれる人がいると感じると、より明朗になる。

意志が強く、敢えて危険を冒し、注目を集めるのが好きな活発な子どもは、徐々に素直になり、他人への思いやりを持つようになる。そしてより繊細になる。きちんとした枠組みと指導を得ることで、他人の要求に対してより敏感になり、役に立ちたいと思うようになる。

聡明で明るく、刺激を求めてあちこち飛び回る敏感な子どもは、徐々に物事に集中することを学んでいく。そしてより感受性が鋭くなる。最初のうちはいろいろなことに手を出していても、そのうち自分が本当に好きなことを見つけ、それに集中するようになる。

行儀がよく素直で、指示によく従うが変化を嫌う感受性の鋭い子どもは、徐々に柔軟性を増し、自ら動くようになっていく。そして活発になっていく。日常のリズムが守られていれば、安心して新しいことに挑戦できるのだ。

•••••••••••••••••••••••••••

放課後の活動

この4つの気性をもとに、子どもにとってどんな活動が一番適切なのかを探ってみよう。

●1 繊細な子どもには理解が必要である。

繊細な子どもにとって、新しい友人関係を始めるのは大変なことだ。そこで、親の助けが必要となる。子どもを、和気藹々《あいあい》とした、安心できる活動に加わらせてみよう。刺激はあまり必要ない。繊細な子どもは、自分と同じような能力と繊細さを持っている人々と一緒にいる必要がある。動物の世話を手伝ったりするのは特に彼らに向いている。動物やぬいぐるみは、彼らの心の内をわかってくれるからだ。

●2　活発な子どもには枠組みが必要である。

活発な子どもには、監督と規則と指導者と行動が必要である。監督がいるスポーツチームなどに所属することは、非常に有益だ。この種の子どもは好き放題にさせておくと、威張り散らして問題を起こし、周囲まで巻き添えにするのだ。

●3　敏感な子どもには、活動の種類の豊富さが必要である。

この重要な要求を満たすには、子どもにさまざまな刺激を与えなくてはならない。キャンプ、美術館、公園、ショッピングセンター、ジム、スケート、映画、テレビ、ゲーム、読書、散歩、水泳など、すべてが刺激のもとになる。こうした子どもはすぐにテレビやゲームに夢中になるが、それらは自然な刺激ではないため、内心では葛藤《かっとう》を覚えている。

●4　感受性の鋭い子どもには、規則正しい日常のリズムが必要である。

活動が多すぎると、感受性の鋭い子どものリズムは乱れてしまう。この種の子どもは、毎日学校から帰ってきたら本を読み、犬を散歩させ、少しテレビを見て、おやつを食べ、宿題をするという生活を繰り返す。彼らはこうした生活に固執し、過激な変化を好まない。敏感であったり活発であったりするきょうだいと長時間一緒にいると疲労を覚える。他人が活動しているのを見ているのは好きだが、それに参加するように無理強いされるとストレスを感じてしまう。

知能の違い

人それぞれ違うものにはもうひとつ、知能がある。子どもの天分を尊重し支えるには、知能にはいろいろな種類があるということに気づくことが重要だ。私たちは、知能はＩＱテストで測られると思い込んでいる。だがこうしたテストは非常に独断的であるうえに、男の子のＩＱのほうが女の子より高く出る傾向がある。空間能力の問題が多ければ男の子の点数のほうが高いし、言語能力の問題が多ければ女の子の点数のほうが高いのだ。

女の子にとって不利であることに加えて、こうしたテストはあらゆる種類の知能を網羅しているわけではない。テストにどんな種類の問題が出るかによって、結果も変わってしまうのだ。ＩＱテストが測るのはごく限られた分野の知能であって、ＩＱが高いからといって人生で成功するとは限らないし、低いからといって失敗するとも限らないのだ。

大学卒の肩書きを持っていても失業したり、離婚したりする人は大勢いる。このことからも、学業面での成功が仕事や私生活の成功を保証するものではないということは明らかだ。たしかにＩＱテストで高い点数を取る子どもは、現行の学校制度の中では比較的よい成績を収める傾向にある。しかしだからといって、必ずしもそれが私生活や仕事や人間関係の成功につながるわけではないのだ。

残念ながら、ＩＱテストに反映されない才能を持っている子どもは学校生活の中ではなかなか芽が出ない。知能には基本的に８つの種類があり、どのような配分でそれを持っているかは子どもによって異なる。私たちはそれぞれの知能を絵の具のように使って、自分だけの人生を描くことができる。それらは、学術、感情、肉体、創造性、芸術性、判断力、直感、そして天才的な知能からなる。どの知能をどれだけ有しているかは子どもによって異なるが、どれも正しく育まれることで発達していく。

●学術面での知能

学術面での知能が高い子どもは、学校では優等生だ。おとなしく話を聞き、学ぶことができる。吸収し、理解し、教えてもらった知識を自分のものにすることができる。だからと言って、その知識を必ずしも生活の中に生かせるというわけではない。

●感情面での知能

感情面での知能が高い子どもは、他人と健全な関係を築いてそれを維持することができる。他人の気持ちに敏感で、他人の見解を感じ取り、それに同調することができる。このように他人に感情移入できる能力は、私生活のみならず職場においても大いに役立つ。仕事面で成功を収めるには、感情面での高い知能が必要だ。この知能は、自らの感情や願望や欲求を制御し、主張する能力をも授けてくれる。親はこうした子どもたちに社会参加のチャンスを与えなくてはならない。

●肉体面での知能

肉体面での知能が高い子どもは、スポーツが得意で、頑強で健康な肉体を維持できる。肉体が運動と栄養を求めていることを本能的に知っている。運動能力を高めるために、彼らには練習と指導が必要だ。その潜在能力は、ほかの子どもたちと競い合うことで劇的に発達する。健全な競争こそ、彼らの中の最善の力を引き出すのだ。肉体面での知能はスポーツの枠を超えて、肉体の健康という分野にまで作用する。彼らは、頑強な肉体を作る術を学ぶ必要がある。自信に満ちたその姿と活力は、彼らが世の中で成功する力になってくれるだろう。

●創造性の知能

創造性の知能が高い子どもは、想像力が発達している。彼らは二、三個の積み木や、のっぺらぼうの人形だけでも遊ぶことができる。そしてよく空想の友達をつくる。彼らには、あまり刺激は必要ない。いろいろ与えられすぎると、彼らの想像力は発達しない。お話を聞いて、登場人物や情景を想像するのは彼らの得意とするところだ。

映像が準備されているテレビを見すぎると、彼らの想像力は衰えてしまう。ほかのどの知能も使われてこそ成長するが、創造性の知能も想像力が刺激されることで成長する。彼らは、他人が挫折《ざせつ》する分野で成功を収める。なぜなら、彼らは人とは違った角度から物事を見ることができるからだ。

企業家として成功している者たちの多くが、正規の教育を受けていなかったり、学校の成績が悪かったりした。だが彼らは、創造力のおかげで出世した。彼らは成長過程で、物事を違った角度で考えることをうながされてきた。独自のやり方を推し進めることで、独自の成功を得たのだ。彼らの中には左利きの者が多い。親はこうした子どもたちが、違う角度から物事を考え、問題を解決することを奨励しなくてはならない。

●芸術性の知能

芸術性の知能が高い子どもは、自然に歌、絵画、デザイン、執筆、芝居などの芸術に興味を持つ。彼らには、すでに芸術の才能を習得した人々からの刺激が必要だ。子どもは誰《だれ》でも手本を必要とするものだが、この種の子どもは特に、芸術性の知能を完成させた手本となる人物が必要である。

親は、こうした子どもが夢を追いかけ、才能と能力を伸ばす応援をしなくてはならない。芸術性の知能が花開くには、手本となる人物、知能を磨く機会、そして親の励ましが不可欠である。

●判断力の知能

判断力の知能が高い子どもは実践的な知識を求める。この知能は特に、昨今の西洋社会において台頭してきている。情報が溢《あふ》れたこの社会では、人々は本当に必要なものだけを欲している。この種の子どもたちは自分にとって有効なものだけに集中し、学校で教わることが実生活には何の役にも立たないと反発したりもする。

こうした子どもたちは、実生活や人間関係や仕事で実際に用いることのできる基本的技術を必要としている。実用的な価値がない限り、ただ情報を丸暗記するようなことはしたがらない。

判断力の知能は、地に足の着いた安定した人生を送る助けになる。彼らは、軽率な考えに惑わされて道を外れたりはしない。自分の知識を実践する機会を必要とし、その結果を検証することで進歩していく。この知能は、系統だった活動を子どもの自立性に任せて自由にやらせることで育むことができる。

●直感的な知能

直感的な知能の高い子どもは、理屈ぬきで物事を理解する。彼らは他人から教わる必要がない。情報が自然に彼らのところにやってくるのだ。精神的な力が働き、数行の文章を読んだだけで、全体の内容を大体推測できる。そればかりか、その内容をたちどころに自分のものにしてしまうのだ。

たとえば、あなたが社交術の本を読めば、将来その知識を生かして状況に適切に対応できる。本の内容を自分のものにするとはそういうことだ。直感的な知能を持った子どもは、こまごまとした点まで習わなくても、教える側の知識を自分のものにできる。

直感的な知能を持った子どもは、過小評価される場合が多い。大半の親や学校は、こうした知能を開発するためのプログラムを有していない。この種の子どもに関しては、親はあまり学校での成績のことは気に病まず、自分に必要なことをかぎ分ける彼らの第六感を尊重すべきだ。直感的な知能は、テレビ番組やコンピューターや書物ではなく、人との接触によって触発される。

●天才的な知能

天才的な知能を持った子どもは、ある特定の分野では優秀だが、ほかではさっぱりという傾向が強い。子どもは誰でも素晴らしい知能を持って生まれてくるが、その配分はそれぞれ異なる。天才的な子どもはひとつの分野にそれが集中しているのだ。

天才的な子どもが幸せで充実した人生を送るには、その特別な天分を刺激するための手助けと導きが必要だ。それに加えて、苦手な分野の技能と知能を磨くための特別な支援も必要である。

特定の分野で目覚ましい働きをする人々は、往々にして苦しい人生を送る。なぜなら、ほかの領域の知能が育っていないからだ。天才科学者や億万長者の企業家の中には、伴侶《はんりょ》に「愛している」と言えない者たちがいる。また、精神面は優れているが、健康には恵まれていない者も多い。偉大な芸術家は、金銭問題などの日常の雑務をこなす能力に欠けており、苦しい生活を送ると相場が決まっている。生活苦に喘《あえ》いでいた天才たちの例をあげればきりがないほどだ。

肉体面での知能が天才的な人というのもいる。その美しい外観ゆえに愛情と支えを与えられることに慣れている彼らは、そうした注目や賛美を失いたくないばかりに、本当の自分をさらけ出すことを恐れている。時に「美しい人」が薄っぺらに感じられるのは、そうした理由からだ。見栄えのよさによって得ている愛情を失いたくないばかりに、成長が止まってしまうのだ。

これは、あらゆる種類の知能に共通の原則である。たとえば、学術的な傾向が強い人々は、世渡りが下手な場合が多々ある。彼らはひとつの分野で秀でた存在になることで、愛情や関心を得て満足している。苦手な分野の知能を開発するという危険を冒したくないのだ。

彼らの考えは実に単純だ。もし何かに秀でていれば、愛情と支えを得ることができる。秀でていなければ、愛情と支えを失うというわけだ。この考え方を打破するために、親は、子どもが天分に恵まれていない領域の知能を開発するのを応援しなくてはならない。

学習能力の違い

シェイクスピアは言う。「偉大に生まれる者もいれば、偉大さを獲得する者もいる。そしてひどい非難を受ける者たちもいる」。この単純な真実と、知能にはさまざまな種類があるということを認識すれば、親は子どもによって学習能力に違いがあることを理解できるだろう。

子どもはおおむね、生まれたときから、ひとつかふたつの知能を天分として持っている。その後、彼らはそのほかいくつかの知能を徐々に身につけていく。それ以外の知能に関しては、彼らは「遅咲き」であり、それに対して「ひどい非難を受ける」のだ。

学習のタイプは、3つに分けることができる。疾走型、歩行型、跳躍型だ。この3つの違いを探るために、自転車の乗り方を学ぶときを例に取ってみよう。

●疾走型

このタイプの子どもは、友達が自転車に乗っているのを見ていたと思うと、いつのまにか本人も乗れるようになっている。飲み込みが早いが、なかなかひとつのことに興味を持ち続けたり、没頭したりできない。親は、疾走型の子どもたちが苦手な分野に取り組むチャンスを与えなくてはならない。

●歩行型

このタイプの子どもは、自転車に乗れるようになるまで数週間を要する。指示によく従い、少しずつ進歩していく。最初は補助輪を必要とするかもしれないが、数週間もすればひとりで乗れるようになる。毎回確実に進歩する彼らの学習の成果は、一目瞭然《いちもくりょうぜん》である。彼らはあまりにも扱いやすいので、時々親の気配りがおざなりになる場合もある。

●跳躍型

このタイプの子どもの扱いは、親にとってもっとも難しく、骨が折れる。この子どもたちは、自転車に乗れるようになるまでに数年を要するかもしれない。彼らはきちんと指示に耳を傾けるが、進歩しない。まったく学習の効果が見られない子どもを前に、親は自分のやっていることはすべて無駄なのではないかと思ったりする。あれこれ指示を与えても、まったく進歩の跡が見られない日が続く。だがある日突然、その子はすべてを飲み込み、スイスイと自転車を乗りこなす。まるで、突然大きく跳び上がるように進歩するのだ。こうした子どもたちは得てして、その跳躍をするために必要な時間と配慮を十分に得られない。親の粘り強い応援がなければ、彼らはあっさりと努力することをやめてしまい、自らの中に秘められた能力に気づかないままでいるのだ。

得意分野と苦手分野

自転車に乗るときには跳躍型である子どもが、礼儀作法を身につけることに関しては疾走型であったりする。外食をしたり、飛行機に乗ったりするときにはとても扱いやすく素直なのに、自転車に乗るときになるとまったく別人のように反抗的になったりするのだ。学習タイプの違いを理解してあげることで、親は辛抱強く子どもの反抗を受け入れることができるようになる。どんな子どもにでも、得意分野と苦手分野があるのだ。

跳躍型で学ぶのに時間がかかるからといって、その分野の知能が低いというわけではない。身につけるのにもっとも骨が折れる分野が、一番の得意分野だったりすることもあるのだ。たとえば私自身は、ものを書くことも人前でしゃべることも大の苦手だった。それらは、人生の半ばを過ぎてから現れ出した天分だったのだ。

反対に、疾走型や歩行型で着実に進歩しているからといって、その分野の知能が特別秀でているとは限らない。大学を出た人の大半が、その専攻分野とはまったく関係のない職に就いていることからもこれは明らかだ。人類学部を卒業したからといって、人類学者になるとは限らない。楽に進める道、あるいは障害の少ない道が、必ずしも自分の得意な道ではないのだ。

子ども同士を比較しない

親が一番やってはいけないことのひとつが、子ども同士を比較することだ。もしあなたの子どもたちが、ほとんどの分野の知能で歩行型であったなら、すべては比較的順調に運ぶ。だが、その下に跳躍型で手のかかる子どもがいたら、もしかしたらあなたは、その子のことをどこか変だと勘違いしてしまうかもしれない。

跳躍型の子どもは、何にも耳を貸さず、何も学んでいないように見える。彼らはあなたが配膳《はいぜん》の仕方を教えてもすぐに忘れる。テーブルマナーを教えてもすぐに忘れる。掛け算を教えてもすぐに忘れる。はっきり話すように教えてもその通りにしない。靴紐の結び方を教えても結べない。宿題を教えてもまったく理解しない。前向きな子育て法のテクニックを用いないと、こうした子どもたちは繰り返し罰せられ、ますます自信を失っていく。子どもというのは、ほかの子どもと比べられたりせずにありのままを受け入れてもらえないと、自信を育めない。子どもはひとりひとりみな個性があり、愛すべき存在なのだ。

この章を何度も読み返すことで、子育ては格段に楽になるはずだ。私たちが苛立ちを感じるのは、今のままの子どもを受け入れずに、変えようとするからだ。子どもにはそれぞれの個性があることを念頭に置いておけば、楽な気持ちで子どもへの対処法を考えられるはずだ。

2 過ちを犯してもかまわない

ひとりひとりが個性的であるのに加えて、子どもはみな、独自の欠点を持って生まれてくる。完璧《かんぺき》な子どもなどいない。誰でも過ちを犯すのだ。過ちを犯すことを責められたら、子どもは人生を過酷なものとしか思わなくなる。親が完璧を期待すれば、子どもはその基準に達することのできない自分を無力に感じてしまう。

責任

子どもは九歳になるまで、「自分が悪いことをした」と「自分はだめな子だ」との区別がつかない。九歳より下の子どもは、論理的な思考ができない。「もし僕が悪いことをしたのなら、僕はだめな子なんだ」と考えてしまうのだ。

自我が確立していないと、過ちを犯したときの拠り所がない。過ちを犯した自分自身のことをだめだと感じてしまう。そのことで子どもが責任を感じてしまっていたら、親はその責任を自分に転嫁させなくてはならない。子どもに起こったことの責任を親が引き受ければ、子どもの負担は減る。

多くの大人が、自尊心の低さに悩んでいる。というのも、彼らはいまだに過ちを犯すと、自分自身をだめな人間だと思ってしまうからだ。大人である彼らは、今では論理的な思考ができる。だが彼らは九歳になるまでに、自分自身の中にある無邪気さを育む経験をしてこなかった。そんな彼らは、いくら自分はだめな人間ではないと自らに言い聞かせても、心の内で自分を責めているのだ。

健全な自尊心を持っている大人は、自らの過ちを受け入れ、そこから何かを学ぼうとする。健全な大人が過ちにどう論理的に反応するかをいくつか紹介しよう。

健全な大人の過ちに対する反応

何かで失敗をしても、私がだめな人間なわけではない。単によく知らなかっただけだ。

何かで失敗をしても、私はだめな人間ではない。ほかにいろいろよいこともしているからだ。

何かで失敗をしても、私はだめな人間ではない。そこから何かを学び、進歩するからだ。

何かで失敗をしても、私はだめな人間ではない。失敗を埋め合わせる行為をすればいいのだ。

何かで失敗をしても、私はだめな人間ではない。一生懸命やったからだ。

何かで失敗をしても、私はだめな人間ではない。わざとやったわけではないからだ。

たとえうまくできないことがあっても、私自身は立派な人間だ。なぜなら私は進歩し、いつかできるようになるからだ。

たとえうまくできないことがあっても、私自身は立派な人間だ。完璧である必要はないからだ。

たとえうまくできなくても、私自身は立派な人間だ。今日は、具合が悪かったのだから仕方がないのだ。

たとえうまくできなくても、私自身は立派な人間だ。今日は初めての挑戦だったから仕方がないのだ。

たとえうまくできなくても、私自身は立派な人間だ。誰でもうまくいかないときはあるのだ。

たとえうまくできなくても、私自身は立派な人間だ。なぜなら私は過ちに気づき、それを正すことができるからだ。

たとえうまくできなくても、私自身は立派な人間だ。なぜなら、ほかの人たちもできないからだ。

これらの例では、「私」は論理的な思考を使って、「自分は悪いことをした」と「自分はだめな人間だ」とを区別している。九歳より下の子どもには論理的思考の能力がないことは、子どもの発育に関する研究で明らかにされている。親が子どもの過ちにばかり注目すると、子どもは自分のことをだめな人間だと感じるようになる。前向きな子育て法は、問題点よりもその解決策に注目する。自分はよい子なのだと感じれば、子どもはあなたの導きに素直に心を開く。失敗によって貶《おとし》められた子どもは、心を閉ざしてしまう。

子どもが九歳を過ぎたら、自分の過ちの責任を取らせ、何らかの手段で埋め合わせをさせるべきだ。九歳までは無邪気さを育み、その後九年間で責任を学ぶのだ。九歳になれば、子どもは自分の過ちの責任を取る準備ができている。親は九歳以下の子どもの過ちには目をつぶるべきなのだ。

早い時期に責任を負わされてしまうと、子どもはさまざまな場面で無力感を覚えることになる。無邪気さという強固な基盤がないと、自然な自己修正の能力が育たないのだ。

親が子どもの過ちに腹を立てると、子どもは混乱し、過ちから学ぶ能力が育まれない。子どもが花瓶をひっくり返して割ると、母親は「これはいけないことなんだってことをちゃんとわからせないと」と思うかもしれない。前向きな子育て法のテクニックは、過ちを恥とするこうしたメッセージを排除する。その結果、母親が望むのは子どもの協調だけになる。6つのテクニックはそれを可能にするのだ。

端的に言えば、花瓶をひっくり返したことを子どもに認めさせる必要すらあまりない。子どもによっては、叱《しか》られることを恐れるあまり、自分がやったのではないと主張するかもしれない。この場合問題なのは、子どもの嘘《うそ》ではなく、親に対する恐怖心だ。ことに子どもが九歳より下の場合は、罪を暴き立てる必要はない。それは、解決策ではなく問題点に焦点を当てる行為だからだ。解決策とは、子どもの協調を引き出す手段を見つけることである。

子どもが過ちを犯したときにどう反応するか

子どもが花瓶を壊したら、それに腹が立つのは当然だ。だが親は、子どもや自分自身に腹を立てないように注意しなくてはならない。親によっては、子どもを責めはしないが、自分自身を厳しく責める者もいる。親は、子どもを許す心のみならず、自分自身を許す心をも、体現して見せねばならないのだ。

大半の親は、子どもの過ちにどう反応していいかわからずにいる。次にあげるいくつかの状況で、自分ならどう反応するかを考えてみて欲しい。

・・・・・・・・・・・・・・・・

過ちを許しやすい状況・7つのケース

万事が順調に運び、体調もよく、未来は明るいと思える日に、子どもが花瓶を壊したら、

あなたはどう反応するか？

あなたの子どもがいつも聞き分けがよく、素直だったら、その子が花瓶を壊したとき、あなたはどう反応するか？

子どもが花瓶を拭《ふ》こうとして手に取ったときに警報装置が鳴り、驚いて花瓶を落としてしまったら、あなたはどう反応するか？

あなたの会社の社長がうっかり花瓶をひっくり返してしまったら、あなたはどう反応するか？

もしあなたが男の子五人に、居間でフットボールをすることを許して、彼らがうっかり花瓶をひっくり返したら、あなたはどう反応するか？

花瓶が安物、あるいはいずれにしろ新しいものを買うつもりだったら、あなたはどう反応するか？

初めて来たお客がうっかり花瓶を壊したら、あなたはどう反応するか？

これらのケースでは、あなたは花瓶を壊されたことを許すだろう。花瓶が壊れたことや、掃除の面倒さに多少腹を立てるかもしれないが、いつまでもこだわったりはしないはずだ。仕方のないことだと思い、子どもや自分自身や社長やお客に怒ったりはしないだろう。それよりも、子どもやお客や社長にいやな思いをさせまいと気を遣うはずだ。この前向きで寛容な反応こそ、あらゆる状況において望ましいものなのだ。

この反応を、あなたの子どもが別の過ちを犯したときにも実践してみよう。子どもが犯した過ちのひとつをこの7つのケースに当てはめ、自らの反応を試してみるのだ。

では次に、状況を変えてみよう。次にあげる状況で、自分がどう反応するかを考えてみて欲しい。

過ちを責めやすい状況

いやなことがあり、疲弊し、やることが山積みなのに時間がなく、先行きに希望が持てないときに子どもが花瓶を壊したら、あなたはどう反応するだろう?

もしあなたの子どもがいつもものを壊し、あなたの言うことに耳を貸そうとしなかったら、その子が花瓶を壊したとき、あなたはどう反応するだろう？

居間で遊ぶなと言ってあったのに、それを破った子どもが花瓶を壊したら、あなたはどう反応するだろう？

家政婦が、花瓶のみならずいろいろなものをうっかり壊してしまったら、あなたはどう反応するだろう？

とても高価だったり、あなたにとって特別だったりする花瓶を子どもが壊したら、あなたはどう反応するだろう？

自制心を働かせない限り、あなたは相手を貶める反応をしてしまうだろう。虫の居所が悪いと、あなたは子どもに当たってしまう。花瓶は、つもりつもったストレスが爆発する起爆剤にすぎないのだ。ところが子どものほうは、あなたの反応をまともに受け取り、過剰な責任と罪悪感を覚えてしまう。

子どもには、花瓶がいかに高価なものであったかをわからせるための罰や説教は無意味である。子どもは六、七歳になるまでは、金銭的な価値観を理解することすらできないのだ。子どもにとっては、五ドルも五〇〇ドルも五千ドルもみな同じだ。前向きな子育て法の6つのテクニックを用いれば、子どもは自然と、花瓶のみならずすべてのことに対して慎重で注意深くなる。賢明な親は子どもの過ちを淡々とした態度で見過ごし、その後始末のほうに専念するのだ。

九歳より上の一〇代の子どもに対しても、本人が過ちを否定するなら、それを追及しないほうが得策だ。一〇代の子どもたちは概して、あなたが過ちを証明できなければ、それはなかったのと同じことだと考える。賢い親なら、彼らの罪を暴き立てるより、もっと大きな問題点に注目しよう。それは、子どもが責任を負わされることに不安を抱いている点だ。

この場合、親は、壊れた花瓶の責任を負うとはどういうことかを簡潔に説明するに留まるべきだ。自分に要求されているのはただ後始末をすることだけであり、罰を与えられたり愛情を失ったりすることはないのだと気づけば、子どもはこの先、自分の過ちに責任を持つようになるだろう。

私たちは、子どもに過ちから何かを学ぶこと、そして自分の過ちに責任を持つことを教えなくてはならない。なかには、子どもを罰するのをやめることには大賛成だが、そうすると子どもが無責任になるのではないかと訝《いぶか》る向きもあるだろう。これは重要な懸案事項である。まず、人は自分の過ちに気づかなければ、そこから何かを学んだり、責任を持ったりはできない。こうした責任感は大人には欠かせないものだが、子どもの場合は違う。子どもは、過ちから学ぶ義務はない。赤ん坊にはまったく自我がないが、日々何かを学び、自己修正をしている。

責任感を身につける

子どもは本能的に、過ちを犯した後に自己修正をしようとするものだ。子どもや大人が自己修正をしない一番の原因は、自分が過ちを犯したことを安心して認めることができないからだ。もって生まれた自己修正の本能が作動するには、過ちを犯すことを許される環境が必要なのだ。

過ちを犯すことへの不安は、過ちを犯す可能性を増大させるだけだ。過ちを犯したことで子どもを罰したり、バカにしたりすれば、子どもの不安を煽《あお》るだけだ。親は常に、子どもは天国からの贈り物だということを忘れてはならない。自己修正という本能は、罰やお仕置きではなく、親の真似《まね》をし、親に協調する姿勢を通じて目覚めるのだ。

過ちから学ぶ

親が犯す大きな過ちのひとつが、九歳より下の子どもが過ちから論理的に学べると考えることだ。彼らは子どもの協調を引き出し、正しい行いに導く代わりに、過ちから学ぶことを教えようとするのだ。

子どもは九歳になるまで、意識的、あるいは論理的に過ちから何かを学ぶことはできない。その代わり、彼らは自動的に自己修正を行う。親の真似をし、指示に従うことで、他人に敬意を払ったり、手助けをしたり、耳を傾けたり、協力したり、分かち合ったりすることを学んでいくのだ。

子どもがいつまでも過ちを犯し続けたり、あなたの言いつけを忘れたりするようなら、それは彼らに必要な枠組みやリズムや監督が与えられていないからだ。つまり、子どもの過ちの責任は親にあるのだ。子どもに責任を感じさせるのは間違いなのだ。

九歳より下の子どもは、自らを監督することはできない。なぜなら、論理的な思考ができないと、人の真似をするしかないからだ。

九歳から一八歳までは、責任感を養う時期だ。そして一九歳前後で完全に責任を負えるようになった彼らを、私たちは世の中に送り出すのだ。

事態の改善

安心して過ちを犯せるようになると、子どもは過ちを犯したあとに何をすべきかに集中できる。親は、過ちを犯したら事態を改善する術を身をもって示さなくてはならない。親の行動を真似ることで、子どもは行いを改めたり、事態を改善する術を学んだりするのだ。

親が日常的に自らの過ちを認めていれば、子どもも自らの過ちを自然と認めるようになる。過ちの責任を取る手段には、自己修正のほかに、事態を改善するというものがある。大半の親は自分の過ちを子どもから隠し、めったなことでは謝らない。自分が常に正しいわけではないことを認めたら、子どもに対する力を失うと思っているのだ。

親は自ら責任感を示すことで、子どもに責任の持ち方を教えることができる。子どもを迎えに行くのに遅れたら、遅れた理由を説明するのではなく、謝って、事態を改善すべきだ。門限を守ろうとしない一〇代の子どもは、時間を守ることの大切さを学ぶだけでなく、事態の改善もしなくてはいけない。「毎晩待っているママの身になってちょうだい」と伝えるのだ。

親が自分の過ちを正すのを見て育ってきた子どもなら、事態の改善をすることに抵抗を示さないはずだ。場合によっては、「ごめんね。どう謝ればいい？」「毎晩待たせてごめんね。お詫《わ》びにママの車を洗うよ」などと自発的に言うかもしれない。

ほかには、「毎晩待たせてごめんね。ママに借りができたね」というのも健全な反応だ。この場合、この先数週間、子どもが手伝い仕事を余計に引き受けたりすることを期待していいだろう。

その期間中に、もし親が子どもを待たせるようなことがあれば、「遅れてごめんなさいね。先週あなたに貸しがあった分、これで帳消しね」と言うことができる。

もし、今一〇代の子どもを前向きな子育て法で育ててこなかったのなら、「どう埋め合わせをする?」と尋ねなくてはならない。あるいは、自分に迷惑をかけた分「貸し」があるのだと告げてもいい。

子どもはすぐにこのやり方に慣れ、過ちを犯したら罰を受けるのではなく、事態を改善するのだという考え方を受け入れるようになるだろう。過ちを犯すことに対する安心感は、彼らの責任感を強くするのだ。

最善を尽くす

あなたは子どもに、常に最善を尽くせばそれでよいということ、過ちは成長過程の一部であるということを伝えなくてはならない。人は過ちを犯すことで、自分にとって何が正しいかを知る。私たちはただ最善を尽くせばよいのだ。あとは試練と過ちの連続だ。この健全なメッセージは時に、子どもを辱めてしまうことになる。

　大半の親は、最善を尽くせばそれでよいという考え方に賛同する。そして子どもが過ちを犯すと、最善を尽くさなかったのだろうと決めつける。すると子どもは、自分はいくら頑張ってもだめなのだと思い込んでしまう。

　子どもが過ちを犯すと、失望した親は知らず知らずのうちに子どもを辱める発言をしてしまう。子どものほうはそれを聞いて、自らを卑下してしまう。よくある発言をいくつかあげよう。

あなたならもっとうまくできるでしょう。

ちゃんとわかっていたんじゃなかったの？

何で忘れちゃったの？

前にも言ったでしょう。

だから注意したのに。

もっとちゃんとママの言うことを聞いていたら……。

どうしちゃったの？

前はもっとちゃんとできていたじゃないの。

親は、子どもが過ちを犯したり、自分の期待に見合わない行動を取ると、最善を尽くしていないのだと思ってしまう。それを子どもに告げることは、子どもを貶めていることになる。再三述べてきたように、現代では、子どもに罪悪感を抱かせて操ろうとするやり方は通用しない。

過ちが許されない場合（過ちが許されない結果、子どもが陥る問題）

過ちを受け入れられないと、子どもはさまざまな不健全な反応を示す。その代表的なものを４つあげよう。

過ちへの不健全な４つの反応

1 過ちを隠し、真実を言わない。
2 目標を高く持たない。
3 過ちを正当化したり、他人のせいにしたりする。
4 自尊心が低くなる。

●1　過ちを隠し、真実を言わない。

罰せられることや親の愛情を失うことに対する脅《おび》えがあると、子どもは過ちを隠そうとする。罰に対峙《たいじ》するよりも、自分のしたことを隠し、気づかれないことを祈るのだ。これは次第に嘘につながっていく。過ちを隠そうとするこの傾向は、子どもの心を分裂させ、子どもはふたつの世界に生きることを余儀なくされる。ひとつの世界では親の愛情を受け、もうひとつの世界では、過ちが見つかったら愛情を失うと信じているのだ。これは、今得ている愛情を否定する傾向につながっていく。

過ちを隠している子どもは心のどこかで、自分は親の愛情に値しないと感じている。親がいくらその子を愛し、支え、褒め、認めても、その子は「でも僕がしたことを知ったら、そう言ってはくれないんだよ」と思っているのだ。自分を卑下するこうした感情は、与えられている愛情や支えを追いやってしまう。彼を支えようとする愛情があるのに、彼のほうがそれを受け付けないのだ。

子どもは親の支えを得ることによって、自信を持つことができる。この支えが断ち切られると、子どもは著しく不安定になる。子どもに「パパやママには内緒だよ。僕たちだけの秘密だ」と言うのは、非常に子どもにとって負担になる。安心して親にすべてを打ち明けることができないと、子どもと親との間に壁ができてしまうのだ。

両親が離婚している子どもは往々にして、自分の気持ちや体験を親と分かち合うことができないと感じている。ふたつの家を行き来している子どもには、ひとつの家で起こった出来事をもうひとつの家で話してもよいのだということをわからせなくてはならない。それが安心してできないと、分裂が起こる。心の一部分を母親の家で、別の部分を父親の家で共有しようとするのだ。

こうした子どもは、母親に父親の、父親に母親の話をするのは安全ではないというメッセージを受け取る。どちらも腹を立てたり、嫉妬《しっと》したりするからだ。子どもが、父親にお祭りに連れて行ってもらって楽しかった話をすると、母親は、元夫が子どもに宿題をさせなかったことに内心激怒している。子どもはそうした苛立ちを察知し、話をするのをやめてしまう。さらに悪いことに、母親は元夫に電話をして文句を言ったりする。次回から、父親は何か楽しいことをするたびに、子どもに母親には内緒だと念を押すようになる。

子どもが安心して生活の細かい点まで語れる状況を作るのは、なかなか難しいことだ。親が否定的で不機嫌だと、子どもは話すのをやめてしまう。この時点で、子どもが不安定になるだけでなく、親も指導力の一部を失うのだ。

自分や人を傷つけることを恐れずにのびのびと何でも話せれば、子どもはよりあなたに協調するようになる。安心して自分自身でいられれば、子どもは自ずと素直になるのだ。あなたが、批判や解決策を押しつけるのを控えれば、子どもはいつまでも、自分の世界をあなたと分かち合ってくれるだろう。

●2 目標を高く持たない。

子どもは過ちを犯して恥ずかしい思いをすると、それ以上過ちを犯すことを恐れるようになる。過ちから我が身を守るため、あるいは親を失望させないため、安全な行動しか取らなくなる。達成できるかわからない高い目標を掲げるより、予測可能で安定したことしかしないようになるのだ。安全な場所でしか生きない彼らは、自らを過小評価するだけでなく、倦《けん》怠《たい》感をも覚えるようになる。

そのほかには、親からバカにされたくない一心で、高い目標を達成する子どももいる。親の期待に応《こた》えられなかったり、親を失望させたりすることに我慢できず、必要以上に無理をするのだ。彼らはたとえ結果を出しても、幸せではなく、自分の行いに満足することがない。Bがひとつある以外はすべてAの成績表を家に持ち帰って、「どうしてこれはBだったの?」と聞かれてしまうのがこの種の子どもたちだ。

フットボールの試合で高得点を決めたが、最後のパスをミスした息子に、父親はこう言う。

「あのパスを取ってれば、勝てたのにな」。親というのは往々にして、プラスの側面を見過ごし、マイナスの側面に注目してしまう。たいていの場合、親は子どもを愛していないわけではない。それ以外に、愛情を表す術を知らないのだ。彼らの多くは、子どもの健全なやる気を喚起する手助けをしているつもりなのだ。

安心して過ちを犯せないと、子どもは人生において当然起こりうる健全な危険を冒すことに尻込《しりご》みしてしまう。危険を冒すことは子どもの成長に必須である。だが彼らには安全ネットが必要だ。高い目標を達成した者ですら、別の領域で危険を冒すにはネットを必要とする。

こうした内なる安心感がない子どもは「僕は派手なことは好きじゃないんだ」などと言って逃げるが、その根底には拒絶されることへの恐れが潜んでいる。みっともない思いをする危険を冒すより、ひとりで家にこもっているほうを選ぶのだ。

反抗の原因は、必ずしも恐怖と不安ではない。元来内気で、人間関係を築くのに時間がかかる子どももいる。感受性の鋭い子どもは、内気で変化を嫌う傾向がある。繊細な子どもは、拒絶されることを人一倍恐れ、人に心を開くのに時間がかかる。過ちを犯すことが許されないと、こうした傾向に余計に拍車がかかることになる。

●3　過ちを正当化したり、他人のせいにしたりする。

過ちを許されない環境で育つと、子どもは保身に走るようになる。彼らは、過ちを正当化したり、他人のせいにしたりして自己防衛をする。弟をぶつのをやめるように言われると、罰を恐れるあまり弟のせいにしてこう言ったりする。「こいつが先にぶったんだよ」。こうした保身は自然なものだが、これは罰によって拍車がかかる。罰を恐れていない子どもは、ぶつのをやめるように言われると、素直に従う。他人のせいにしたり、自分を正当化する必要をそれほど感じないのだ。

大人が自己修正を身につける唯一の手段は、自らの過ちの責任を負うことだ。他人のせいにして自分の過ちを正当化している限り、私たちは自己を修正することはできない。大人である私たちでさえ、不安な環境で育ってきた子どものような行動をするのだ。

●4　自尊心が低くなる。

子どもの自尊心は、周囲からどう扱われるかによって決まる。必要としているものを与えられないと、子どもは自分のことを価値のない存在だと思うようになる。親が子どもの行動や過ちによって苛立ちや怒りや苦悩を感じると、子どもは、自分には愛情を受ける価値がないと感じてしまう。

こうした子どもは、健全な自尊心を持てない。それに見合う存在になろうと、彼らは親を喜ばせるために完璧になろうとする。だが、それは決して成功しない。完璧な人間などいないからだ。彼らがいかに品行方正でも、それは自尊心の犠牲のうえに成り立っているのだ。

親が子どもに満足し、彼らを受け入れ、尊重し、理解し、気遣い、信頼すれば、子どもは自分に自信を持てる。不可能な親の期待に沿う必要のない彼らは、のびのびと、ありのままの自分で成すべきことをしようとする。人生の最初の九年間で、過ちを犯す自由を与えられることで、彼らは安定した精神状態を手に入れる。

今、先のことを心配せずに何でも好きなことをしてもいいとなったらどうだろう？　あなたのことを抑えつける、恐怖心も罪悪感もないとしたら、あなたの人生はどう変わるだろう？　本当の自分になることで得られる自由と安らぎ、そして新しいことをする喜びと自信を感じてみて欲しい。

それが、あなたが子どもに与えることのできる贈り物だ。人生最初の九年間でこの感情が溢れ出れば、それはいつまでも尽きることがない。成長し、過ちの責任を負うことを学んでも、この無邪気な感情は土台として残る。大人になって過ちを犯しても、容易に自己を許し、修正できるのだ。保身に走らない彼らは、他人に対する思いやりと敬意に溢れている。

過ちを犯せる環境を作る

過ちを犯せる環境作りの重要性を理解していない親たちは、罰したり貶めたりすることによって子どもをコントロールし、守ろうとしてきた。彼らは、過ちに対して罰を与えないと、善悪の判断ができなくなると信じていたのだ。こうした考えは、今では明らかに時代遅れだ。

前向きな子育て法の新しい思想を実践に移す際、まず覚えておかなければならないのは、親も過ちを犯すということだ。人生とは、過ちを犯し、他人の過ちを受け入れていくものだ。子どもはこの過程を通じて、本来の自分になっていく。

子どもを傷つけてしまったのなら、罪悪感を抱く代わりに、自分を許そう。あなたは常に最善を尽くしているのだ。

あなたの親の誤った子育て法を責めてエネルギーを浪費する代わりに、彼らを許し、その分のエネルギーを、自分がよりよい親になるための努力に注ぎ込もう。そうすれば、あなたの子どももあなたを許すようになるだろう。本書に繰り返し目を通したり、子育て支援団体に参加したりして、前向きな子育て法を実践しているほかの親たちと交流を持とう。時間をかけて、ゆっくりと進んでいけばいいのだ。

3 マイナス感情を表に出してもかまわない

子どもは誰でも、人生の試練や障壁に直面すると、マイナス感情を経験する。マイナス感情は、子どもの成長の重要な一部分である。それは、子どもが自らの期待を現実世界における限界に適合させるのを助ける。前向きな子育て法の技能は、子どもがマイナス感情を表に出すための適切な手段を身につける機会を提供するのだ。

マイナス感情の制御においてもっとも重要なのは、それを受け入れるということだ。たしかにマイナス感情は快いものではないが、それは成長の一部なのだ。マイナス感情を表現し、感じ、発散する術を学ぶことで、子どもは自分の感情に対する認識を高め、マイナス感情を現実の行動に移すことなく発散することができるようになるのだ。

マイナス感情を感じ、それを伝える術を学ぶことで、子どもは親と自分を区別し、自らの中に豊かな創造性、直感、愛情、方向性、自信、喜び、思いやり、良心、そして自己修正能力を徐々に見いだしていく。

生きていくうえでのあらゆる知恵の中でも人をもっとも輝かせ、大いなる達成に導くものは、自らの感情と対峙し、マイナス感情を解き放つことから生まれる。成功した人というのは、辛いときには存分にその思いを味わうが、必ずそこから立ち直る。というのも、彼らにはマイナス感情を解き放つ能力があるからだ。彼らは自分を見失ったりせずに、マイナス感情を制御できるのだ。

自分の目標を達成できない人の大半は、自らの感情に鈍感か、マイナス感情に基づいて決断を下すか、マイナス感情にとらわれてしまっているかのどれかである。どの場合も、彼らは自らの夢を実現できない。内なる情熱や、願いを達成する力とつながっているためには、あらゆる感情を丸ごと受け入れるしかない。前向きな子育て法は、あなたの子どもに、マイナス感情を制御し、プラス感情を生み出す術を教える。

喪失感を処理する

子どもの感情は大人に比べてずっと激しい。なぜなら、人は九歳になるまで論理的に考えることができないからだ。彼らは、理屈で感情を片づけることができない。もし誰かに意地悪をされたら、一時的に、ほかの誰もが自分に意地悪をする、自分にはそういう扱いが似合いだ、この先ずっと自分はそういう扱いをされるのだと思い込んでしまう。

彼らには、誰かひとりが意地悪だからといって、ほかの誰もが意地悪だということにはならないと論理的に考える能力がない。ある人物が意地悪だとしても、その人物はたまたま機嫌が悪かったのかもしれず、自分とは無関係だと論理づけることができないのだ。論理的に考える能力がないがゆえに、彼らは大人が感じる何倍もの喪失感を抱く。

怒りや悲しみなどの感情を表に出す機会を親が作ってあげれば、子どもは親の愛情を求めている自分の気持ちに気づく。その瞬間、親の愛情が何よりも大切なものになる。クッキーが欲しくて癇癪《かんしゃく》を起こしている子どもは、クッキーをしのぐ親の愛情の大切さを一時的に忘れている。愛情を必要とする気持ちが湧《わ》き上がると、クッキーを必要とする気持ちはあっという間に消え、癇癪は収まり、子どもは親に協調する。そして満ち足りて、穏やかで、自信があり、愛情豊かな本来の自分を取り戻す。罰を受けることや愛情を失うことに対する恐れなしに癇癪を起こせる機会を与えられることで、子どもは再び親と協調するようになるのだ。

マイナス感情を表に出してもかまわないというメッセージを伝えるのにもっとも有効な手段は、感情移入して話を聞くことと、休止時間を与えることだ。たとえ子どもが休止時間をいやがってもかまわない。怒って、ひどいことを言ってもかまわない。休止時間は、子どもが精一杯反抗してから、親のコントロール下に戻るためのチャンスなのだ。子どもは、休止時間をいやがるのは悪いことではないと承知していなくてはならない。

あなたは、癇癪を避けたいがために子どもに譲歩しないように注意しなくてはならない。

さもないと子どもは、あなたが休止時間を与える余裕がないときに癇癪を起こすようになる。子どもは、自分が親のコントロール下にあるのだということを感じている必要がある。親が自分をコントロールできないと感じ取ると、子どもは我がままを言ったり、癇癪を起こしたりして自分が主導権を握ろうとするのだ。

感情移入の威力

子どもがマイナス感情を表に出す手助けをするために、親は感情移入の能力を発展させせなくてはならない。

感情移入は子どものマイナス感情を引き出し、さらにそれを癒《いや》す。感情移入は、相手の感情が正当であるというメッセージを伝える。親はすぐに、何も問題はないということを子どもにわからせようとする。子どもはそれよりもまず、話を聞いてもらっているという実感を必要としているのだ。最初の数秒間に、あなたが子どもの見解を理解していると実感すれば、子どももあなたの見解を受け入れるだろう。

子どもが、望みがかなわなくて腹を立てると、親はあまりにも性急に子どもの機嫌を直そうとする。このやり方は、子どもが喪失感と向き合うのを妨げることになる。喪失感を抱いているときこそ、子どもは周囲の感情移入をもっとも受け入れやすい状態にあるのだ。たった数秒でもかまわない。感情移入を受ければ、子どもの気持ちは変わる。より深いレベルのマイナス感情（怒りから悲しみへ、悲しみから恐れへ）に移行するか、機嫌を直すかのどちらかである。子どもは、必要なものを得ることに加え、マイナス感情を解放する力を自分の中に感じることで、機嫌を直すのだ。

5秒間の沈黙

時に必要なのは、子どもの問題を焦って解決しようとしない姿勢である。

子どもが怒ったり、悲しんだり、失望したり、心配したりしているときには、5秒間何もせず、ただ子どもの気持ちになってみよう。失望している子どもには、無理に元気づけようとする代わりに、その気持ちを感じてみるのだ。5秒間沈黙し、子どもが感じていることを感じ、考えるのだ。

解決策を与える代わりに、5秒間子どもと一緒に失望を感じたら、「とてもがっかりよね、よくわかるわ」などと言おう。これによって、失望は人生の一部であるという明確なメッセージが子どもに伝わる。それだけで、子どもの様子にはすぐに変化が見られるのだ。

早まって解決策を与えてしまうと、子どもは自信を失ってしまう。あなたが簡単に解決できる問題に悩んでしまう自分がおかしいのだと感じてしまうのだ。あなたが愛情から解決策を与えているのは確かだ。しかしあまりにも早急にそれを与えてしまうと、逆効果になりかねない。解決策は、子どもの機嫌が直ってから、あるいは状況に対処する別の手段を彼らが尋ねてきてからなら、効果を発揮する。

子どもが解決策を尋ねているときですら、まだそれを受け入れる準備ができていない場合もある。口では解決策を求めていても、まだ共感を必要としているのだ。たとえば、子どもは取り乱した口調でこんな風に言う。「どうしたらいいいんだろう」。たいていの親はこの時点で、解決策に飛びついてしまう。すると子どもは「でも」で応対する。「でも、それじゃうまくいかないよ」「でも、パパはわかってないんだよ」

子どもに「わかってない」と言われたら、すぐに助言を与えるのをやめよう。子どもの言うことは正しい。この時点で、あなたは子どもの気持ちを理解していないし、感じていない。自分がわかっているということを説明するより、ただ子どもに賛同するのだ。「その通りだ。パパはわかってない。もう一度話してくれないか」などと言うといいだろう。解決策を与えることは控え、感情移入に集中するのだ。

次にあげるのは、親が与えがちな解決策と、それに代わる感情移入の示し方である。

■解決策

泣くんじゃないの。

心配するんじゃないの。

明日は大丈夫よ。

そんなにたいしたことじゃないわよ。

■感情移入

5秒間おいてこう言う。
「わかるわ、がっかりよね」

5秒間おいてこう言う。
「それは大変だわ。心配よね」

5秒間おいてこう言う。
「大変ね。がっかりする気持ちはよくわかるわ」

5秒間おいてこう言う。
「傷ついたわよね。さあ、こっちにいらっしゃい」

何でもそう思い通りにはいかないわよ。

人生ってそんなものよ。

大丈夫よ、きっとうまくいくわよ。

そんなに気にすることないわよ。

またチャンスがあるわよ。

5秒間おいてこう言う。
「悲しいわよね。ママだって悲しくなるわ」

5秒間おいてこう言う。
「怒って当然よ。ママだって怒るわ」

5秒間おいてこう言う。
「怖いのはよくわかるわ」

5秒間おいてこう言う。
「やきもちを焼いてもいいのよ。ママだって嫉妬するわ」

5秒間おいてこう言う。

子どもが感情移入を拒絶したら

あなたが共感を示すメッセージを伝えているときに、子どもが「そうじゃないんだよ」などと言ってそれを拒絶し、自分の気持ちを語る場合がある。自分が正しいと思っても、子どもの言葉をさえぎらないことが肝心である。大事なのはどちらが正しいかではなく、子どもに感情を吐露させることなのだ。

子どもが腹を立てているとき、その内部にはさまざまな感情が渦巻いている。そのうちのひとつをこちらが指摘すると、子どもは「ううん、怒ってるんじゃないんだ。僕は悲しいんだ」などと言って、別の感情に移行していく。子どもがまるであなたの話に聞く耳を持たないように感じるかもしれないが、この時点では、あなたが彼の話を聞く必要があるということを忘れないで欲しい。子どもの感情が移行していくのはいいことなのだ。

黙って耳を傾けよう。感情が一度表に出てしまえば、子どもは気分がよくなる。親はよく、子どもが本題から逸《そ》れたり、間違った主張をしたりするとそれを指摘する。それは、触れる必要のないことだ。その代わり、彼らに話をさせれば、彼らは過去を忘れ、話を聞いてくれているあなたに感謝するようになる。

親がマイナス感情を表に出すとき

マイナス感情は、周囲の人間にも影響を及ぼす。誰かが悲しんでいると、こちらまで悲しくなる。誰かに怒られると、こちらも相手に腹を立てる。とても怖がっている人がいると、こちらも急に不安になったりする。こちらが腹を立てていると周囲の人間にそれがうつる。

泣いている子どもの言い分に耳を傾けることが難しい原因、あるいは、あるときは感情移入が簡単にできて、別のときはなかなかできない原因はここにある。いやなことがあって精神的に不安定な日は、子どもの話に耳を傾けるのはなかなか困難だ。あなたの中にわだかまっている気持ちが、子どもの腹立ちに反応して表に出てきてしまうのだ。

たとえば、やるべきことが山積みなのに時間がなくて苛立っていたら、あなたは子どもに対して過剰反応しやすくなる。宿題ができなくて苛立っている子どもを手伝うとき、あなたの中の苛立ちは一気に爆発するだろう。あなたは、自分がイライラした態度で子どもに接していることに気づくはずだ。よかれと思って始めた手助けが、最後には醜い言い争いに変わってしまうのだ。

親が、子どものマイナス感情に対してそれ以上のマイナス感情で応えると、子どもは安心してマイナス感情を表に出せなくなる。親が表に出すマイナス感情は、子どものそれよりずっと強大だ。大人の強い感情は、子どもを萎縮《いしゅく》させてしまう。そのうち子どもは、安心して表に出せる状況でない限りは、自分の感情を顧みなくなってしまう。

感情を共有することの落とし穴

親が夫婦喧嘩《げんか》をして、その後子どもにあたると、子どもは親の腹立ちに対して自分には何の責任もないということを理解できない。そのうえ、母親が夫の愚痴を子どもにこぼそうものなら、子どもはなんとかそれを解決するのが自分の責任だと感じてしまう。親同士ですら、相手の愚痴を聞かされると責任を感じてしまいがちだ。ましてや子どもなら、親のマイナス感情を聞かされることで過剰な責任を感じてしまうのは当たり前だ。そのうち子どもは、自分の感情に対して鈍感になってしまう。そして一〇代になると、親と口をきかなくなるのだ。

たとえば、子どもに「あなたが傷つくんじゃないかと心配なの」「電話をしてくれなかったのは悲しいわ」などと言い続けると、子どもは徐々に、親のマイナス感情によって操られている気分になる。「もっと気をつけてちょうだい」「次は電話してね」などと言うのが賢明だろう。そうすれば子どもは、マイナス感情に基づいて決断を下さないようになるだろう。

子どもが自らの感情に対する認識を高めるのを助けるには、親は、自分の感情を子どもと共有するのではなく、子どもの気持ちに共感し、認め、耳を傾けなくてはならない。前向きな子育て法の6つのテクニックを用いれば、子どもの感情は自ずと引き出されるだろう。

抑圧される気持ち

子どもは言わばスポンジのようなものだ。あなたの心が愛情と共感で満たされていれば、彼らはあなたの愛情を吸い取って傷を癒す。あなたの心が不安や失望や怒りや悲しみや恐れや不満で満たされていると、子どもはそれを吸収するのだ。

あなたがイライラしているとき、子どものほうもひどく機嫌が悪くなったり、我がままになったりしたことがなかったろうか。親が自分自身の要求を省みないと、子どもが親の要求を感じ取り、表に出すことになるのだ。

もちろん、子どもにも独自の感情がある。だが、親の感情まで抱え込まねばならないとき、彼らはそれに飲み込まれ、癇癪という形で爆発させる。

子どもの行動があなたの感情を反映したものなのかどうかを見極めるには、自分自身の反応に注目してみることだ。もし彼らの気持ちに抵抗を覚えるなら、彼らが表しているのはあなたが自らの中で抑圧している感情の一部だ。共感を持って彼らの話を聞くことができるなら、彼らはあなたの中でわだかまっている感情を表しているわけではないのだ。

家族の困り者

親がマイナス感情を発散せずに抑圧してしまうと、子どもたちのうち少なくともひとりが、その感情を引き受けてしまう。概してそれは、もっとも繊細な子どもである場合が多い。こうした子どもは得てして、家族の中の困り者と見なされる。マイナス感情を受け入れてもらえる環境がないと、こうした子どもはその感情を行動に表したり、内に溜《た》めたりしてしまう。

こうした「困り者」の子どもは、必要としている慈しみや共感を得られず、事態はさらに悪化する。彼らは、親が心の中で拒絶、あるいは否定している感情をそのまま表に出す。愛され、理解される代わりに、拒絶され、憤られ、否定されるのだ。彼らは往々にして自分の感情の乱れの原因がわからず、最終的に自分はどこかおかしいのだと思い込んでしまう。必要としている慈しみを得られない彼らは、マイナスの姿勢にとらわれてしまう。こうした子どもたちはよく、家族以外で理解してくれる人から支えを得たりする。

もしあなたの子どもが「困り者」になりそうな兆候を見せたら、時間をかけてその子の気持ちにじっくり耳を傾けることだ。子どもはひとりひとりがみな異なることを念頭に置き、決して子ども同士を比べてはいけない。

4　今以上のものを欲しがってもかまわない

自分が何を欲しているかをわからないと、子どもは他人の欲求や願望に流されやすくなる。彼らは本来の自分を発見して育む機会を逸し、他人が望む自分になってしまう。自分が何を欲しているかがわからない彼らは、自分だけの能力や情熱や目指すべき道から遠ざかってしまう。自分の欲求や願望を明白に認識していないと、人生において何が一番重要なのかに気づくことができないのだ。

子どもは、今以上のものを欲しがったり、欲しいものが手に入らずに腹を立てたりすると、それは自分勝手で甘えた行為だと教えられる。かつて、子どもはおこぼれで満足すべきものとされていた。より多くを求めることを許されなかったのだ。

欲望に対する恐れ

一般的に、子どもに今ある以上のものを欲することを許せば、我がままで扱いづらくなると考えられている。たしかに、あなたの意のままになる子どもを育てるほうが楽だろう。だがその子どもは、人生の目指すべき道や自我を探求するチャンスを得られない。感情を制御するのに必要な愛情と支えを得られていれば、より多くを欲することを許されても、子どもは我がままになったりはしない。今ある以上のものを欲し、それがかなわないことで、子どもは自己を律することや、満足感を先送りにすることを学ぶのだ。

一部の親たちは、子どもが身勝手になることを案じている。彼らが常に子どもの欲求や願望に屈していたなら、たしかにそうなるだろう。子どもを増長させるのは、欲しいものを手に入れる行為ではなく、癇癪を起こしたり我がままを言ったりして、他人を操る行為だ。親が自らの欲求を否定して子どもを喜ばせようとしたとき、子どもは増長するのだ。

親が癇癪を避けたいがために子どもの欲望すべてをかなえていたら、子どもは増長する。より多くを欲することを子どもに許すのなら、親は子どもが癇癪を起こしても毅然《きぜん》として、適切な休止時間を与えなくてはならない。今以上のものを欲してから人生の限界を受け入れることで、子どもは今あるものに感謝することを覚えていくのだ。

感謝の美徳

たいていの親は、子どもに今以上のものを欲することを許す前に、感謝の美徳を教えようとする。今以上のものを求める子どもの欲望に対して、「今あるものに感謝しなさい」と返答するタイミングがあまりにも早すぎるのだ。大人の多くは、より多くを欲することを自らに許していない。今あるものに感謝する心がないと思われることを恐れているからだ。

私たちは、豊かな人生を送ることを目指している。私たちの手の中には、かつては得られなかったさまざまな可能性がある。子どもたちは、夢をかなえることができる。彼らは、内的にも外的にも成功を収めることができる。その成功の基盤となるのが、今以上のものを欲することに対する許しだ。今以上のものを欲することを許されなければ、彼らは夢見ることをやめ、夢がなければ、新しいものは生まれないのだ。

成功の秘訣《ひけつ》となるのは、今あるものに感謝しつつ、今以上を欲することだ。今あるものに対する心からの感謝と愛情、そして目標を達成して今以上を手に入れることに対する強い情熱こそ、人生の成功を得る秘訣なのだ。欲しいものが手に入らないときに湧き上がるマイナス感情を制御することができれば、今与えられている愛情と支えに感謝する気持ちを取り戻すことができる。親の愛情と支えに対する感謝は、子どもが本当の自分の欲求を感じる基盤となるのだ。

交渉することを許す

今以上のものを欲することを子どもに許せば、時に親の苦労は多くなる。それと引き換えに、子どもは今以上を手に入れるために交渉することを学ぶ。私は時に、私を動かす子どもの力に驚嘆する。そして、その強さや決断力を誇りに思う。

自分の欲しいものを求める術を知らない大人があまりにも多い。子どものころ実践をしてこなかったからだ。たとえやっと口に出して求めたとしても、彼らは交渉の術を知らない。「だめ」と言われると、引き下がるか、さもなくば憤るのだ。今日の大人たちが抱える問題の多くは、彼らが欲しいものを手に入れるための交渉の術を知ればなくなるだろう。

今以上のものを手に入れるために交渉をしながら育ってきた子どもは、簡単に引き下がったり、憤ったりしない。彼らは「だめ」という答えに対して、自分の要望を通すための別の理由を用意する。また、今日がだめだからといって、明日もだめだとは思わない。交渉に必要な創造性と忍耐力は、より多くを欲することを許されたときに自ずと生まれるのだ。

今以上のものを欲することを子どもに許した場合、親は、子どもが時に貪欲《どんよく》、あるいは身勝手になることを理解し、受け入れなくてはならない。そんなときには、非難したりたしなめたりする代わりに、寛容と理解を示そう。子どもに、常に適切なやり方で欲しいものを求めろというのは無理な話だ。それは、試行錯誤を繰り返しながら学んでいくものなのだ。

「だめ」と言えるようになる

子どもに今以上のものを欲することを許すからといって、あなたが常に子どもに従うということではない。子どもが今以上を求めることを学ぶと同時に、親は気兼ねなく「だめ」と言う術を学ばなくてはならない。親が「だめ」と言えないと、子どもはあっという間に無理を言うようになる。限界まで欲し続けるのだ。

親が妥当な上限を設定しないと、子どもは無理な要求をするようになる。明確な上限がないと、子どもというのはどこまでも要求をし続けるものだ。限界に行き当たったとき、子どもは往々にして、そのとき湧き上がる失望や怒りや悲しみや恐れに対処するための休止時間を必要とする。

子どもが交渉を始めたら、親は明確な上限を設定しなくてはならない。もう十分子どもの言い分を聞いたと感じ、それでも意志を変える気にならないのなら「あなたががっかりしてるのはわかるわ。でも、交渉はこれで終わりよ」と言うべき時だ。それでも子どもが続けようとするなら、同じ言葉をもう一度繰り返し、やめるように命令しよう。

親が子どもに「だめ」と言わねばならない状況には2種類ある。ひとつは、子どもがあなたの要望に逆らう場合だ。たとえば、あなたは子どもに出かける支度をして欲しいのに、子どもはもっと遊びたがっている。この場合、あなたは効果的に「だめ」と告げ、要望を繰り返さなくてはならない。ふたつ目の状況は、子どもの率直な要望に「だめ」と言わねばならない場合だ。子どもはあなたと遊びたがっているが、あなたはほかに予定がある。どちらの場合も、簡潔にきっぱりと答えなくてはならない。「だめ」を正当化する理由をあれこれ並べ立てるのではなく、ただ「だめ」と言うのだ。子どもが歯向かったら、さらに断固とした調子で同じ答えを繰り返そう。いくつか例をあげよう。

「だめ」の言い方

1 だめ、今は忙しいのよ。
2 だめ、別の予定があるのよ。
3 だめ、またあとでね。
4 だめ、今は手が離せないのよ。
5 だめ、言う通りにしなさい。
6 だめ、ママはあなたにこうして欲しいのよ。
7 だめ、でも代わりに別のことをしましょう。
8 だめ、今は◯◯をする時間よ。
9 だめ、最初の予定では……。
10 だめ、今ママはひとりでいたいの。

明確に「だめ」というメッセージを与えられることで、子どもは交渉術を向上させる機会を得るだけでなく、自身で「だめ」と言う術をも学べる。親は、子どもが今以上のものを欲することに腹を立ててはいけない。必ずしも子どもの欲求を認めなくてもよいのだということを忘れなければ、罪悪感を覚えずに「だめ」と言えるはずだ。「だめ」と言える親は自分の要求を満たすことを忘れないうえに、子どもに手本を示すこともできる。子どもが「だめ」というメッセージに歯向かい続けるようなら、親の言うべき言葉はただひとつ、「交渉は終わり」である。

頼み方の手本を示す

すでに述べたように、頭ごなしに命令するのではなく、「してちょうだい」「ありがとう」などの言葉を駆使しよう。子どもが命令口調を使ったら、それをたしなめるのではなく、言い直して見せよう。

四歳の子どもが「パパ、それくれよ！」と言ったら、「パパ、それちょうだい？　いいよ、あげるよ」と答えればいいのだ。

このテクニックは、私の子育てを非常に楽にしてくれた。子どもが我がままを言ったり、不遜な言い方をしたりしたとき、私は頭ごなしにそれを直す代わりに、適切な言い方をしてみせたのだ。

子どもが丁寧な言い方をしないのは、単にそれを習っていないからだ。私たちはそれを修正する必要はない。正しい言い方をしてみせればいいのだ。

もし私の娘が怒って「パパ、部屋から出てって！」と言ったら、私はこう言う。「パパ、部屋から出て行ってくれる？　ああ、いいとも」。そして部屋を出る。

こうすることで、子どもは効果的なものの頼み方を学んでいく。「パパに命令するんじゃない。丁寧に頼まないと出て行かないぞ」などと言って子どもと口論しても、時間とエネルギーの無駄でしかない。

多くを与えすぎる親

親が多くを与えすぎると、それを知らせる合図が子どもに現れる。貪欲になったり、今あるものに感謝しなくなったりするのだ。あなたが何かを与えても、子どもがまだ足りないと言ってもっと欲しがったら、それはあなたが多くを与えすぎている印なのだ。

親が多くを与えすぎた場合、親は、子どものために自分が犠牲を払うのをやめるしか解決策はない。

例をあげよう。あるとき、娘のローレンがアイスクリームを欲しがった。私はいろいろ用事があったのだが、娘は本当に欲しがっていた。そこで、私は用事をやめて、娘のためにアイスクリームを買いに行くことにした。私は気づかないうちに、娘に多くを与えすぎていた。スーパーのレジに並んでいると、娘はアイスではなく別のものを欲しいと言いだした。そして、私に探してきてくれと言った。そんなことをしたら、せっかく長い間並んでいたのが水の泡だった。その瞬間、私は、娘の我がままに腹を立てている自分に気づいた。娘はそれを察知して明らかに戸惑い、怒っているのかと聞いてきた。私は、レジが混んでいることに腹を立てているだけだと答えた。

娘は、自分の要求がどこまで通るかを試していたのだ。大人である私が、自分ができることとできないことをきちんと言うべきだったのだ。それを決めるのは私なのだ。限界まで要求を通そうとするのは子どもなら当然だ。自分で娘に限界を超えさせておいて、彼女を責めるのはお門違いだろう。

子どもが我がままを言うとき、それは常に私にとって、自分が多くを与えすぎているという合図だった。親が子どもを喜ばせようとして多くを与えすぎれば、子どもは必ず貪欲になる。親は子どもを喜ばせたいあまり、子どもの言いなりになってしまっていることにすら気づかないのだ。

今以上のものを欲することを許されると、子どもは必ず今以上を欲するようになる。時には、彼らを満足させることができない場合もあるはずだ。これは健全な成長過程の一部である。自分の中の、満足するための能力に気づくには、欲しいものがすべて手に入るわけではないということを経験する必要があるのだ。

要求が通らないと、子どもは自分にとって本当に必要なものは何かを改めて考える。愛情を必要とする自分の心を感じれば、彼らは欲求すべてがかなわなくても幸せでいられることに気づく。そして、満足感を先送りにすることも学ぶのだ。

親が離婚している子ども

親が離婚している子どもは、親の結婚生活の崩壊を自分の中で整理するのに、多大な時間を必要とする。子どもは誰でも心の奥で、母親と父親が愛し合っていることを願っている。親が結婚生活の崩壊を嘆かずにはいられないのと同じように、子どももその喪失を嘆く必要があるのだ。往々にして子どもは、父親や母親に新しい恋人ができるまで、嘆くことをしない。つまり、親は嘆きの時期を通過したら、恋人をつくる必要があるということだ。親は新しい恋人をつくることで、子どもに密度の濃い時間と関心を与えられる。

時に親は、子どもがいやがるからという理由で恋人をつくろうとしない。気難しくなった我が子の癇癪を避けるために、出かけようとしないのだ。このように子どもに阿《おもね》る行為は、子どもをだめにするだけでなく、親の結婚生活が終わったことを子どもが残念だと思う機会を奪ってしまうことにもなる。

ほかには、子どもへの償いとして恋人をつくらない場合もある。その理屈は単純だ。子どもには両親が必要なのに、うちの子にはひとりしかいない。だから、私がより多くを与えなくては、というものだ。この理屈は正しいが、前提が間違っている。子どもというのは必ず、あなたが与えられる以上を欲するものなのだ。

デートに出かけようとして子どもが不機嫌になると、母親は出かけるのをやめようと思うだろう。彼女は、両親が離婚していない子どもでも、親が出かけるときには不機嫌になるということを忘れているのだ。欲求をぶつけることに安心感を抱くと、子どもはそうする。親は、自分の私生活を犠牲にしないで子どもに何を与えることができるかを認識しなくてはならない。自分自身の時間を作ることで、子どもにも密度の濃い時間と関心を与えることができるのだ。

5 「いやだ」と言ってもかまわない。ただし、決定権はママとパパにある

前向きな子育て法は、表面上は自由放任のように見えるが、実際はかなり子どもをコントロールするものだ。このテクニックは、恐怖心や罪悪感を伴うことなく、コントロールを確立する。子どもに「いやだ」と言うのを許すことは、子どもの反抗に屈するということではない。子どもの反抗に耳を傾け、熟慮するのだ。親に追従するのではなく、協調することを選ぶチャンスが子どもに与えられるのだ。

「いやだ」と言えることで、子どもは自分の感情を表に出し、欲求を発見し、その後交渉に移ることができる。だからと言って、あなたが常に子どもの言いなりになるということではない。子どもが感じ、欲していることに耳を傾けるという行為が、得てして子どもをより素直にするのだ。そしてもっと重要なのは、そうすることで子どもは本来の自分を抑えつけることなくあなたに協調できるのだ。

反抗することを子どもに許せば、親のコントロールは強まる。反抗したあとに親に従うたびに、子どもは決定権はママとパパにあるということを実感する。親のコントロールとつながっていることを感じる能力こそ、前向きな子育ての基盤となるのだ。

親が子どもに及ぼす影響

人は、実り多い人生を歩むために、自らのさまざまな資質を内側から引き出す。それらは、愛情、知恵、力、自信、尊厳、道徳心、創造性、知性、忍耐力、敬意などだ。それらが集まると、その人独自の見解や意識になる。状況に対する大人の決断や反応は、本人の意識に基づいている。子どもが親とのつながりを感じていれば、彼らは両親の意識から恩恵を受ける。両親の意識の光明が、子どもの言動すべてに影響を及ぼすのだ。

この親の意識は、ありのままの自分に対する安心感と自信、そして過ちを犯した後にそれを正す能力を子どもに与える。親とのつながりを感じている限り、説教や罰がなくても子どもは自ずと自己修正をする。親の意識のよい影響を受けて、試行錯誤を繰り返しながら自己を正していくのだ。

大人がそこにいるだけで、子どもは協調性のある創造的な行動を意識するようになる。子どもは常に、親や教師の存在、あるいはその監督のもとで物事を学んでいく。つながりを強く感じれば感じるほど、その監督から大きな恩恵を受けるのだ。

幼い子どものマイナス感情に対処する

子どもは、親の意識の確かな存在を感じることで、マイナス感情を表に出すことができる。九歳より下の子どもは論理的な考え方をすることができないが、感情移入をしてくれる両親の支えがあれば、マイナス感情を発散することができる。愛情溢れる親の腕の中で泣けば、子どもの痛みは自ずと癒される。話を聞いてくれる人も、気にかけてくれる人もいないで泣くと孤独感が強まり、恐怖心も解放されない。子どもは今の瞬間を永遠ととらえる。論理的な思考ができないのでどんどん現実を誤解していく。

親はよく、子どもが意志の疎通や模倣ができるからといって、彼らに論理的な思考能力があると勘違いする。

誰かに意地悪をされると、子どもは人というのはみな意地悪なのだと思い込む。誰かが自分よりかわいがられると、その子はいつも自分よりかわいがられるのだと思い込む。誰かが泥棒にあったと聞けば、次は自分が狙《ねら》われると思い込む。自分の家の鍵《かぎ》のほうが頑丈だから安全だという理解はできない。そうした結論には論理的な思考が必要なのだ。母親や父親がその恐れに耳を傾けてくれれば、子どもは安心できるのだ。

安心感を必要とする幼い子ども

論理的な思考ができるようになるまでには、たくさんの安心感が必要だ。論理的な思考能力がない子どもは、間違った考えや結論に至りやすい。いくつか例をあげよう。

幼い子どもが陥りやすい思い込み（九歳より下）

愛されていると感じないと、子どもはこの先ずっと愛されることはないと思い込む。
何かがなくなると、子どもはそれは決して見つからず、代わるものもないと思い込む。
すぐにクッキーをもらえないと、子どもはもうずっとクッキーはもらえないと思い込む。

親がいなくなってしまうと、子どもはもう二度と親は帰ってこないと思い込む。理屈では彼らを安心させることはできない。だが、彼らの話に耳を傾けることでならそれができる。繊細な感情に対する共感のこもった反応こそ、相手に安心感をもたらすのだ。

親は、自分が戻ってくること、心配する必要はないことをわかっている。これは、愛情を込めて穏やかに子どもの言い分を聞き、何も心配する必要はないと安心させることで、子どもに直接伝わる。親とのつながりを感じることで、子どもは親の経験や意識から前向きな影響を受けるのだ。

幼い子どもの記憶力

九歳になるまで、子どもの記憶力は大人とは異なる。彼らは、言葉や思考や行動を記憶することはできる。論理的な思考回路が発達していない彼らは、瞬間に生きている。九歳より下の子どもに、弁当を持って行くことや、何かを片づけることを覚えているように要求するのは非現実的だ。子どもはこうした行動を、繰り返し教えられることで学んでいくのだ。

母親はよくこう言う。「お弁当を忘れたら、学校でお腹《なか》がすくわよ」。子どもはこの理屈を理解できない。親はただ、簡潔にこう言えばいいのだ。「お弁当を持って行ってちょうだいね」「あれを片づけてくれる？」

子どもに多くを期待しすぎてはいけない。子どもは、理屈が通っているからという理由だけでものを覚えることはできないのだ。

親が苛立って「どうして忘れちゃったの？」などと言うと、子どもはひどく傷つく。厳密に言えば、子どもは忘れたわけではない。最初から覚えられなかったのだ。忘れたことを責められるべきは、九歳より下の子どもに記憶力を期待すべきではないことを忘れた親である。

意志の強い子ども

今以上のものが欲しいと強情に言いはる子どもも、徐々に可能なこととそうでないことを受け入れるようになっていく。なぜなら、親がすでにそれを受け入れているからだ。欲しいものはすぐに手に入るとは限らないが、あきらめなければ必要なものはいずれ手に入るという親の経験が子どもに影響を与える。喪失や失望を経験しても、理解されていると感じられれば、子どもは話を聞いてくれる親の成熟した意識と結びつくのだ。

強情な子どもはよく癇癪を起こすが、徐々により素直になっていく。反抗的な子どもも、親に協調しようという気持ちに戻る。なぜなら、反抗心が生む摩擦は、親との強い結びつきを感じるのに必要なものだからだ。子どもは、親との結びつきを感じるために折に触れて反抗する必要がある。結びつきを再び感じれば、彼らは突如心を開き、親の導きを受け入れるようになる。こう考えれば、子どもの反抗的な言動も違った目で見られるようになる。

手に負えない子どもは、悪い子なのではなく、単にコントロールが効かない状態にあるだけだ。彼らに必要なのは罰ではない。再び親のコントロール内に戻せばいいのだ。

また、子どもに自由を与える子育て法も、かつては不完全だった。ただ子どもの好きなようにやらせるだけでは不十分なのだ。子どもにより大きな自由を与えるには、親は強い指導力を行使しなくてはならない。より大きな自由とコントロールのバランスを取る術を学ぶことで、前向きな子育て法の技能は実を結ぶのだ。

成熟の九年間のステージ

健全で立派な大人になるには、子どもは成熟の九年間のステージを3回通過してなくてはならない。最初の九年間、子どもは周囲を信頼し、完全に依存して成長するのが望ましい。次の九年間（九歳から一八歳まで）、子どもは自分自身を信じ、自立していくことで成長する。第3ステージ（一八歳から二七歳）では、自主性を育む。

最初のステージでは、親は子どもに対する責任を全面的に引き受けなければならない。第2ステージでは、親はコントロールを維持しつつ、子どもに与える自由と自立を増やしていかねばならない。徐々に手綱を緩めていくのだ。親が、責任を負う機会を子どもに与えない限り、子どもは自分自身を信じることを学べない。健全な責任感を養うために、彼らには自由が必要なのだ。最初のステージのときと同様に、親は完璧を求めてはならない。子どもはいくつになっても過ちを犯す。

第3ステージでは、親は一歩退き、子どもの世話を焼くことを控えなくてはならない。それでも親にはまだ、子どもを支えるという重要な役割が残っている。この支援がどのようなものになるかは、親ではなく子どもの意志によって決定する。たとえば、子どもが望むのなら、助言やお金を与えてもかまわない。

親は大人になった子どものことを心配するのをやめ、子どもの努力を認めてあげなくてはならない。大人になった子どもを心配するということは、相手を信頼していないということだ。子どもが一八歳を過ぎたら、善意からの手助けでも余計なお節介になりかねないのだ。

とりわけ大切なのは、第1ステージである。第1ステージでは、子どもは導きを求めて完全に親に依存している。親のコントロールが整っていないと、彼らは急速に成長することを強いられ、成長期におけるいくつかの重要な局面を経験しそこなう。他人を信頼し、頼ることを学ぶのは、自分自身を信じられるようになる基盤なのだ。

安全ネットもない高い綱の上で練習しても、綱渡りをできるようにはならない。最初は、地面に近い位置から始める。その後徐々に綱を高くしていくが、下には安全ネットを忘れない。落ちても大丈夫だという保証がなければ、新しい技術を学ぶことはできない。他人を信頼し、自分にはその支援を受ける価値があると知ることが、自立心を徐々に育む基盤となるのだ。

第1ステージでは、親が自分に主導権があることを明確に伝えないと、子どもは過剰な責任をひとりで背負い込んでしまう。子どもの脳は、物事を理屈で片づけたり、他人の視点から見たりできるほど発達していない。愛されれば、それは自分が愛されるに足る存在だからだと考える。そしてほかの人も自分を愛するはずだと考える。逆に愛されないと、自分には愛される価値がないのだと思い込み、ほかの人も自分を愛してはくれないと考える。

七年間のサイクル

子どもは生まれてから最初の七年間は、自我を育むために親や保護者に依存する。次の七年間（七歳から一四歳）は、引き続き親に依存しながらも、兄弟や親戚《しんせき》や友人にも依存しながら前向きな自我を育んでいく。次の七年間（一四歳から二一歳）には、同じ志を持った友人や、その道の熟練者を頼りながら、自我を発展させていく。

最初の七年間は、親や保護者から必要なものを得る時期である。第2期では、安全な環境で他人と交流することで自我を育む。この時期の子どもに一番必要なのは、楽しく遊ぶことだ。親は、子どもを取り囲むものができるだけ楽しく、安全で、単純であるように配慮すべきだ。最初の七年間で必要なものを得る術を、第2期で楽しい時間を過ごす術を学べば、第3期で精一杯努力し、自分を律することができるのだ。

最初の一四年間に子どもにプレッシャーを与えるのは過ちだ。この時期は、幸せになる術を学ぶときなのだ。幸せになる能力は、生きていくうえでもっとも重要な技能のひとつだ。幸せは外からやってくるものではなく、内から湧いて出るものだ。それは一種の技能である。幸せな人間とは、外界の状況に関係なく幸せなのだ。

多くの親は、幸せな人生を送らせたいと思うあまりに、子どもの成長を急《せ》かそうとする。彼らは、幸せとは第2期で学ぶ技能であることを知らないのだ。大人になっていかに成功を得ようとも、子どものころに幸せになる術を学んでいなければ幸せにはなれない。

幸せとは、遊びを通じて学ぶものだ。七歳から一四歳までの間、子どもは楽しく遊ぶことを奨励されるべきだ。この基盤があって初めて、学校で、ひいては世の中で頑張ることができる。よい成績を取ることや、家の手伝いをすることなどの過剰なプレッシャーは、幸せになり、人生を楽しむ能力の発達を妨げる。勉強や手伝いは楽しいものだと学べば、彼らは幸せな人生を送るだけでなく、仕事を楽しみながら生涯進歩し続けるのだ。

一四歳から二一歳までの第3期では、子どもは同世代の友人からの支えを求めるようになる。仲間からのプレッシャーが激増するのはこの時期だ。この時期までに親が子どもとの強い結びつきを育んでいないと、子どもは支えを求めて仲間のもとに走り、悪い影響も受けかねない。

6　5つのメッセージを実践する

すべての子どもは心の奥底にボタンをひとつ持っている。このボタンを押されると、子どもは親に協調し、親を喜ばせたいという気持ちを思い出す。前向きな子育て法の5つのメッセージと6つのテクニックは、主にこのボタンに焦点を当てている。繰り返しこのボタンを押す術を身につけることにより、親は子どもを導くのに必要な主導権を獲得していく。

母親と娘

親子関係のなかでも特に難しいのが母親と思春期の娘の関係だ。その原因は、母親がいつまでも娘の生活全般をコントロールしようとすることにある。さらに悪いことに、幼いころ母親との距離が近すぎた娘ほど、母親に反抗する傾向が強いのだ。

思春期の娘は自我を育むために、母親のコントロールに挑戦し、逆らう必要性を覚える。この場合、前向きな子育て法の6つのテクニックを用いることで、母親はより健全な手段でコントロールを保つことができる。声を荒げたり、小言を言ったり、感情を剝《む》き出しにしたり、罰で脅したりする必要はない。母親は、言動にあれこれ指図して娘の息を詰まらせ、無意識のうちに反抗心を煽っているのだ。

父親と娘

父親は得てして、娘に十分な質問をせずに解決策を与えてしまい、娘との仲をギクシャクさせてしまう。男性というのは概して、ただ話をして気持ちをわかって欲しいだけの女性の心理が理解できずに、状況を改善しようとしてしまうのだ。

家計を支えなくてはならない父親は、子どもの日常生活にあまり深くかかわる機会がない。これを娘は、父親が自分のことを気にかけていない証ととる。

父親は娘を養うために一生懸命働く。そのため、娘の生活の細かい部分にまでは気が回らない。生活全般のことは気にかけているが、娘がジーンズをはいてポニーテールを結っていようが、スカートとおそろいの髪留めをしていようが、父親にとってはたいしたことではないのだ。

不運にも、父親が生活の細かい点まで気にしないと、娘は、父親が自分のことを気にかけていないと感じてしまう。娘との絆《きずな》を強めるには、父親は常に助言を与えようとする代わりに、黙って話に耳を傾けることも必要だ。

母親と息子

母親は得てして、息子にさまざまな指図をし、それに息子が従わないと今度は機嫌をとるような真似をして息子からの尊敬を失ってしまう。母親というのはよく、息子が言うことを聞かないとこぼす。これはたいてい、彼女たちが助言を与えすぎることに原因がある。

男の子というのは概して、女の子よりも自立を求める。自分ひとりの力で何ができるかを証明したがるのだ。それを親が過剰に手助けしようとすると、男の子は自分が信頼されていないと感じ、徐々に離れていってしまう。

母親は取り乱したり、説教をしたりして男の子をコントロールしようとする。このやり方は男の子を母親から遠ざけ、彼女のコントロールをますます弱くする。男の子が母親の要望や指示に反抗したら、母親は息子の癇癪と向き合い、休止時間を与える心積もりをしなくてはならない。そこであきらめてしまったら、主導権を失うのだ。

夫が妻をどう扱うかも、母親に対する息子の尊敬心を大きく左右する。たとえば、母親が夕食に家族を呼んでいるのに、父親がそれを無視してすぐに行こうとしないと、息子は、自分も行かなくていいのだと思い込んでしまう。

子どもは常に親を見て、真似をする。父親が母親の要望に応えないと、それは、息子も聞かなくていいという意味になる。だからこそ、子どもの前では配偶者に対する愚痴を控えなくてはならないのだ。

父親と息子

父親と息子の絆を一番強めるのは行動である。何かを一緒に行うことで、息子は他者に対する父親の感謝の気持ちや支援を目の当たりにする。あまり会話をすることがない父親と息子には、強い結びつきが必要だ。父親は、息子に対して批判的になったり、欠点に苛立ったりしないよう注意しなくてはならない。息子は、ありのままの自分で受け入れてもらえるというメッセージを父親に求めているのだ。

男の子というのは、生まれつき目的意識がある。挫折したとき、男の子は父親に理解や慰めを求める。父親は、あのときどうすべきだったかといった指摘を控えなくてはならない。子どもはひとりひとり異なり、学ぶ速度にも個人差がある。子どもの長所を見つけ、それを褒めて自信を持たせてあげるのが、父親の仕事なのだ。

父親が罰を用いずに息子をコントロールする術を学べば、父親と息子の絆に新しい扉が開かれる。息子はもう、過ちに対する罰を恐れなくてよくなる。そして楽な気持ちで、父親に助言や導きを求めることができるようになるのだ。

悪い言葉を使うことに対する許可

娘のローレンは一二歳ぐらいのとき、たまに悪い言葉を使うようになった。そのたびに私は、もっと丁寧な言葉を使いなさいと穏やかに注意していた。そんなある日、娘は私に反論してきた。私もたまに悪態をつくのだから、自分も使って何が悪いと言うのだ。私は、自分は大人だからそれを使ってよい時と場所をわきまえているが、彼女はまだ子どもでそれができないからだめなのだと説明した。悪い言葉を使うには、自分自身をコントロールして、適当な時と場所を見極められなくてはいけないのだ。

最初のうち、娘はひどく反発し、学校ではみんながそういう言葉を使っていると主張した。一〇代になったばかりの娘は、新しい自由を求めて私に挑戦してきたのだ。

「私やめないわよ」。娘は言った。

私はただ、先ほどと同じ要望を繰り返した。「ほかのみんなが汚い言葉を使っているのはよくわかったよ。でもそれは行儀が悪いことなんだ」

ローレン「私やめないわ。いくらパパだって無理やりやめさせることはできないんだから」

私「パパが一緒にいないときにお前をコントロールできないことはわかっているよ。友達と一緒にお前が汚い言葉を使うのをとめることはできない。でも、パパの前で使うのをやめさせることはできる。パパのそばでは、丁寧な言葉を使うんだ」
ローレン「そうしなかったらどうする?」
私「ただやめるように言って、パパがお前にそういう言葉遣いをして欲しくないんだってことを思い出させるよ。パパはお前に、丁寧な言葉を使って欲しいんだ」
ローレン「もしそうしなかったら?」
私「お前がやめないようなら、休止時間を使うしかないね」

それで話し合いは終わりだった。その夜ずっと、私たちは互いにギクシャクしたが、しばらくしたら忘れてしまった。中学に上がったばかりの娘は明らかに、新しい自由の限界を探っていたのだ。

数日後、娘はまた悪い言葉を使った。車の中で、気に入らない友人について毒づき始めたのだ。私の返事は同じだった。「ローレン、パパのそばではそういう言葉は口にしないでくれ」
「でもパパ、そういう言葉を使わないのは難しいのよ。みんな使ってるんだから。なんか、私の中にそういう言葉が積み重なっていって、自然に口をついて出てきちゃう感じなの。どうしようもないのよ」

「パパはずっと考えていてね、お互いにとっていい妥協案を思いついたよ。パパはただお前に、行儀よくしゃべるように努力して欲しいんだ。どうしても使いたいときには、パパに許しを得てから使うんだ。そうすれば、今好きなようにしゃべっていいときかどうかをパパが判断するよ」

それ以降、この解決策は素晴らしく機能した。何かに悪態をつきたくなると、娘は素早く私の耳に口を寄せ、微笑《ほほえ》みながらささやいた。「悪い言葉を使ってもいい?」。私が許すと、娘は思う存分汚い言葉を口にした。このようにして、娘は自らの感情をコントロールし、必要なときには丁寧な言葉遣いをすることを学んだのだ。

決断

親が子どもの手綱を放してしまうことになるもうひとつの要因は、子どもに過剰な決断をさせてしまうことだ。九歳になる前にあまりにも大きな自由を与えられると、間違った決断をして傷つくことも多々ある。親に決断を下すよう強いられ、その結果が望んでいた通りでなかったりすると、子どもは自分の判断能力に疑念を抱き、不安を抱くようになる。この不安は生涯つきまとい、大人になってからも異性関係に影を落としたりする。

子どもは九歳になるまで、選択や決断の責任を負うべきではない。もちろん、彼らが自分の欲求や願望や要求を主張するのは許すべきだが、決断を下すのは親でなくてはならない。子どもが思春期になっても、大半の決断は親が下すべきだ。

親から、何が欲しいのか、どう感じているのかなどを直接的に聞かれると、たとえ最終判断は親が下したとしても、子どもは主導権は親ではなく自分にあると思ってしまう。前向きな子育て法は子どもの気持ちを考慮することを勧めてはいるが、直接的にどんな気持ちか尋ねることを推奨してはいない。

Children Are From Heaven

おわりに

子育てというのは常に挑戦だが、前向きな子育て法の実行はそれに輪をかけた挑戦である。身につくまでには時間と労力を要するが、それにはそれだけの価値がある。長い目で見れば、子育てが楽になるばかりか、あなたの子どもも恩恵を受けるのだ。

前向きな子育て法の新しい技能を用いるとき、つまずきを覚えることもあるだろう。だが、誰《だれ》もがそうなのだ。すぐにあなたは、自分が子どもの必要としているものを与えていることに気づき、自信を感じるはずだ。子どもの運命を変えたりすることはできなくても、逆境に立ち向かい、成功を手にするために必要な親としての支えを子どもに与えることはできるのだ。

どんな技能もそうであるように、身につくまでには困難がある。うまくいったと思うと挫《ざ》折《せつ》をし、途方にくれることもあるだろう。そんなときには、本書を読み返してみて欲しい。すぐに、自分が何を忘れていたかに気づくはずだ。

たとえあなたがすべてを完璧《かんぺき》に行ったとしても、子どもは完璧にはならない。子どもは、過ちや挫折を経験する必要がある。独自の個性や長所を伸ばすために、困難や試練が必要なのだ。あなたの支えが重要なのは言うまでもないが、試練から教訓を学び、この世に生まれてきた意味を実現するために必要なものは、すでに子どもの中にあるのだ。

子どもに完璧を期待しないのと同時に、自分自身にも完璧を期待しないことだ。過ちは、

実りある子育ての一過程なのだ。すべてが容易に運んだら、子どもは成長できない。親の過ちや不完全さを許す機会を数多く持つことで、子どもは自らの不完全さをも受け入れることができるようになるのだ。

素質の種

本当の自分を発見し、表現する自由は、あなたから子どもへの素晴らしい贈り物だ。歴史上のすべての偉大な思想家、芸術家、科学者、指導者たちは、過去の慣習を否定し、創造的な考え方をすることができた。彼らは夢を持ち、それを追いかけることができた。他人に否定されても、信じてもらえなくても、自分自身を信じることができた。偉大な人物は常に、対抗勢力を突き破っていく。既存の考え方に逆らい、前進していく過程で、創造性や才能が生まれるのだ。

前向きな子育て法の5つのメッセージは、強い自我の発展を助けるとともに、子どもの素質の種をその中に潜ませている。

1 **人と違うのを許されることで、**子どもは自らの内にある独自の潜在能力を見いだし、尊重し、発展させることができる。

2 **過ちを犯すのを許されることで、**子どもは自己修正をし、過ちから学び、大きな成功を得ることができる。

3 **マイナス感情を表に出すのを許されることで、**子どもは自分の感情を制御することを学び、そのように感情を認識することで、自信や思いやりが育《はぐく》まれる。

4 **今以上のものを欲するのを許されることで、**子どもは健全に分相応という感覚を育み、満足を先送りにする術《すべ》も学ぶ。今以上を欲しながらも、今あるものに満足できるようになる。

5 **「いやだ」と言うのを許されることで、**子どもは意志を強く持てるようになり、前向きな自我を確立させることができる。この自由は、子どもの精神と心と意志を強くする。親という権威に逆らうことへの許しは、前向きな子育て法の技能すべての基本である。

私は、本書を読んでくれたあなたが、子どもにとって最高の指導者となることを願ってやまない。親というのは大変な仕事だが、これほどやりがいのある仕事がほかにないことは、

誰もが承知している。子育てを少しでも楽にするためには、やはり前向きな子育て法を用いている仲間を見つけることだ。

あなたの子どもが、自信と素直さと思いやりを持って育ちますように。外と内双方の世界で、大いなる成功を収めますように。夢がかない、家族と友人の愛に恵まれた人生を送れますように。

訳者あとがき

ジョン・グレイ博士の代表作『Men are from Mars, Women are from Venus（男は火星から、女は金星からやってきた）』（邦題『ベスト・パートナーになるために』）を読んでいると、恋や愛で悩むのは、日本人もアメリカ人も変わらないのだなと思わされます。さらに、『ブリジット・ジョーンズの日記』にも、主人公ブリジットの愛読書としてさりげなく登場するところなどを見ると、イギリス人も同じ、つまり、人の心は国の違いなど関係ないのだと納得させられます。

ジョン・グレイ博士は、「男性は火星人で女性は金星人」というコンセプトを軸に、さまざまな活動を展開しています。男女関係をテーマにした著作は、シリーズで一千五百万部を超える売り上げを誇り、世界五〇か国以上で翻訳されています。ロサンゼルス・タイムズやニューヨーク・デイリーニュースなどの新聞にもコラム欄を持ち、テレビやラジオの人気番組にも頻繁に登場しているようです。恋愛について書く人は大勢いますが、博士の理論が他と違っているのは、そこに心理学的な土壌があることでしょう。単なる恋愛問題のエキスパートではなく、心理学博士としての知識をそこに取り入れ、男女の違いを学術的な観点から考察している点に、多くの読者をひきつける説得力があるのだと思います。

博士の理論は、男性と女性は所詮《しょせん》異星人同士なのだから、その違いをお互いに理解することで、溝を埋めていくというものです。本書で初めて子育てをテーマに取り上げた博士ですが、本書でも、やはりお互いの違いを理解するという基本コンセプトはそのまま生かされています。本書の原題は『Children are from Heaven』といいます。つまり「男性は火星から、女性は金星から」そして「子どもは天国からやってきた」というわけです。そこには、子どもは生まれながらにして純粋であるという意味と同時に、我が子といえども、自分とは違う存在であることを認識するのが、親になる第一歩であるというメッセージが込められているような気がします。本書の内容も、生まれながらにして純粋な「異星人」としての子ども、そして、「異性」としての子どもにどう接するかが軸になっています。特に博士の真骨頂といえるのが、母親が息子に対して、そして父親が娘に対して犯しがちな過ちについて説明している箇所でしょう。子どもに対する愛情に男女の差はありませんが、その表し方には差があります。母親は女性特有のやり方で息子をうんざりさせ、父親は男性特有のやり方で娘を失望させるというくだりには、親でも子でも納得できるはずです。これまで男女の違いを研究し尽くしてきた博士だからこそ、展開できる理論でしょう。子どもの気性にあわせた接し方の説明にも、子どもに限らず自分や周囲の人間を当てはめてみたくなる説得力があります。子ども相手にとどまらず、人間関係全般に対する博士の確固とした理論がそこに見えます。恋愛に国境の差がないように、子を想《おも》う親の気持ちも世界中変わらないはずです。親なら誰《だれ》でも、子どもと良い関係を築きたいと願っています。親子の関係も「人間関係」のひとつとして、まず相手を理解し、一から築き上げていかなくてはなりません。そして、「異星人」としての子どもと「異性」としての子どもの双方を理解する手がかりを与えてくれるのが本書です。相手を変えようと頑張りすぎるのではなく、違いを理解し、尊重することで、どちらも楽になれるのです。本書に目を通すたびに、子どもは自分とは異なる存在なのだということを思い出し、気持ちが楽になれるのではないでしょうか。

最後になりましたが、加治屋文祥さんと七戸綾子さんには多大なご助力を頂きました。この場を借りて御礼申し上げます。

早野依子

Profile

ジョン・グレイ
John Gray, Ph.D.

心理学博士。世界中で1000万部以上を売り上げた『ベスト・パートナーになるために』をはじめ、10数冊のベストセラーを世に送り出している。コミュニケーションや人間関係の分野では世界的にその名を認められており、その豊富な経験を生かして、過去26年にわたって全米の主要都市でセミナーを主催している。家族療法の公認セラピスト、『ファミリー・ジャーナル』誌の顧問編集員、国家家庭生活カウンセラー協会の顧問委員、全米精神分析診断医委員会の会員、全米カウンセリング協会の一員である。主な著書に、『だからあなたは今でもひとり』『ジョン・グレイの本物の愛を手に入れる365日』（いずれも小学館より刊行）。北カリフォルニア在住。

早《はや》野《の》依《より》子《こ》

1970年、鎌倉生まれ。慶應義塾大学法学部政治学科卒。出版社勤務を経て、青木日出夫氏に師事し翻訳を学ぶ。訳書に『あなたに奇跡を起こすやさしい100の方法』『あなたに奇跡を起こす小さな100の智恵』『明日は明日の風が吹く』『いつか片づけようと思いながらなかなかできないあなたへ』（以上ＰＨＰ研究所刊）などがある。

Children Are From Heaven

がんばらない子育てのコツ

~残りは神様がやってくださる！

2003年5月1日　初版第1刷発行

著者／ジョン・グレイ
訳者／早野依子
発行者／山本章
発行所／株式会社 小学館
〒101-8001　東京都千代田区一ツ橋2-3-1
電話　編集03(3230)5810、5839　制作03(3230)5333　販売03(3230)5739
振替　00180-1-200
印刷所／文唱堂印刷株式会社
製本所／株式会社難波製本

制作／速水健司　制作企画／横山肇　資材／市村浩一
販売／荒井正雄　宣伝／藤岡徳郎
編集協力／七戸綾子
編集／加治屋文祥

CHILDREN ARE FROM HEAVEN by John Gray, Ph.D.

ISBN 4-09-356263-6 Printed in Japan